Introduzione

C'è una regola non scritta nel mondo del crimine e della giustizia, un'ombra che si muove silenziosa attraverso le strade buie e i corridoi di potere: *l'assassino torna sempre sul luogo del delitto.* Non importa quanto sia meticoloso, quanto sia astuto o quanto cerchi di sottrarsi alle sue colpe. C'è qualcosa che lo riporta indietro, una forza magnetica, un desiderio di controllo, o forse solo l'arroganza di credere di essere intoccabile.

Questo libro racconta di quei luoghi. Dei delitti che lasciano cicatrici non solo sulle vittime, ma anche su chi cerca la verità. Di detective che vivono a un passo dal caos, sospesi tra la determinazione di smascherare il male e la consapevolezza che ogni indagine potrebbe essere l'ultima.

Jack Thunder non è un eroe. È un uomo che conosce l'odore del sangue, il peso delle menzogne e il sapore amaro della sconfitta. Eppure, giorno dopo giorno, si alza per affrontare i mostri che si nascondono dietro sorrisi impeccabili e vite apparentemente perfette. È l'uomo che guarda nell'oscurità, sapendo che spesso lo sguardo è ricambiato.

Questa è una storia di ombre e luci, di giustizia e corruzione. È la storia di come un semplice caso possa rivelarsi l'inizio di

1

una rete complessa, di come ogni passo verso la verità possa avvicinare chi lo compie a un precipizio. Ma soprattutto, è una storia di resistenza. Perché non importa quanto potente o spietata sia l'oscurità: qualcuno deve sempre avere il coraggio di accendere una luce.

E, a volte, quella luce si trova proprio sul luogo del delitto.

L'assassino torna sempre sulla scena del delitto

Un funerale. Là dove tutto si spegne, dove la vanità e i sogni giacciono gelidi sotto strati di fiori appassiti e sguardi vuoti. Il cielo è coperto, come se anche lui rispettasse quel patto silenzioso di mestizia. Attorno alla fossa si raccolgono figure grigie, avvolte da un'aria spessa, quasi vischiosa, mentre gli occhi guardano, ma senza davvero vedere.

Io li osservo tutti. Ogni viso segnato dal lutto, ogni gesto misurato, ogni sguardo che indugia un istante di troppo. È il mio lavoro, dopotutto. Restare in disparte, invisibile, cercando quei segni appena percettibili, quelle smorfie che a malapena rompono la maschera di dolore. Perché l'assassino torna sempre sulla scena del delitto, attirato da un impulso che non può controllare. E in mezzo a questa gente, in apparenza così irreprensibile, c'è una crepa, una stonatura che solo io posso notare.

Resto fermo, il cuore che batte appena sotto la superficie, gli occhi che frugano tra la folla. Qualcuno lì sa più di quanto lascia intendere.

Ore 11. Lo vedo, finalmente. Un movimento impercettibile, un lampo di nervosismo che taglia l'aria pesante. È lì, in piedi tra gli altri, ma qualcosa in lui stona, un'energia diversa, come un filo che vibra appena sotto la superficie. Si mordicchia il labbro, lo fa quasi di nascosto, e i suoi occhi – non guardano il feretro, non guardano i volti affranti. No, stanno altrove, fissi in un punto che solo lui conosce. Aspetta.

Aspetta che l'opera sia compiuta, che il sipario si chiuda per sempre su ciò che ha fatto. La sua espressione è quella di chi sta assistendo a un rituale, qualcosa di potente e irrimediabile, come se sapesse che questo momento sigilla qualcosa. Il corpo sta per essere calato nella terra, ma lui aspetta che il destino cali un altro colpo, quello definitivo.

E io lo guardo. So che ha paura che qualcuno possa notare quell'ombra di soddisfazione che si affaccia, solo per un istante, sul suo viso. Ma io la vedo.

Faccio un passo avanti, mi muovo lentamente, come un predatore che si avvicina alla preda senza fretta. Lo vedo irrigidirsi appena, come se avesse percepito qualcosa, un'ombra che si allunga verso di lui. Eccolo, il nervosismo che sale, il suo viso si fa lucido, e piccole perline di sudore iniziano a spuntare sulla sua fronte, nonostante l'aria fredda del mattino.

Sotto la giacca, le dita trovano il distintivo, fredde e sicure. Un piccolo gesto, basta poco. Abbassando appena la mano, gli mostrerò la verità: è finita. Non c'è più scampo.

Ma lo so già. Lo vedo nei suoi occhi: non starà lì a lasciarsi prendere. Sta calcolando la distanza, l'uscita più vicina. Ho visto quegli sguardi tante volte – quello è un uomo pronto a correre, a lottare fino alla fine.

Respiro a fondo, sento i muscoli che si preparano, la tensione che cresce nelle gambe. Oggi si corre. Un'altra mattinata in cui asfalto e fiato saranno la nostra colonna sonora. E so già che sentirò il suo respiro farsi più affannoso, più disperato, finché non potrà più scappare.

3... 2... 1... e il gioco è fatto. Il distintivo brilla appena sotto il bordo della giacca, e in quell'istante vedo la smorfia di terrore tagliargli il volto, come una crepa improvvisa in una lastra di ghiaccio. È lì, nudo e vulnerabile, per un battito di ciglia. Poi gira i tacchi, e corre.

Oh, se avessi un dollaro per ogni volta che ho visto questa scena, ogni volta che il copione si è svolto esattamente così... sì, a quest'ora sarei ricco. Le gambe scattano, i muscoli si tendono, e sento l'asfalto sotto i piedi mentre lo inseguo. Il suono dei passi riempie l'aria come un tamburo battente, sincronizzato col ritmo accelerato dei nostri respiri.

Siamo solo io e lui, in una corsa che non ha vincitori, solo vinti. Ogni angolo che cerca di svoltare, ogni tentativo di sgattaiolare in un vicolo cieco... tutto già visto, già vissuto. Ma lo lascio correre. Lo lascio provare, lasciando che si illuda di poter fuggire, di avere un margine di vantaggio. Finché il suo fiato diventa corto, il passo più pesante. È solo questione di tempo. E lo so bene: alla fine, tutti si stancano di scappare.

Il detective Jack Thunder. Un nome che rimbomba come un presagio, come un tuono distante che avverte di un temporale in arrivo. Classe 1984, figlio di una generazione cresciuta tra promesse infrante e polvere di strada. È un tipo duro, di quelli che hanno ancora una bussola morale, un senso del dovere scolpito nel midollo. Primo all'accademia di polizia, e non per caso: Jack non accetta mezze misure. Se ha deciso di prendere qualcuno, quel qualcuno farebbe bene a cominciare a correre.

Decorato e rispettato dai colleghi, Thunder è il tipo che incassa colpi senza mai piegarsi. La vita non gli ha risparmiato nulla, ma lui ha sempre reagito, con una determinazione che potrebbe spaventare chiunque. Il suo metodo è infallibile, il suo intuito come un faro nella nebbia. Eppure, non tutto è serietà e impegno per Jack. In fondo è solo un uomo, uno che si prende i suoi momenti, che ama le piccole cose. Come un hot dog bollente preso da un venditore ambulante a fine turno, con la senape e il ketchup che colano, una mano in tasca e lo sguardo in lontananza, come a scrutare il prossimo caso, il prossimo avversario.

Con quel cappotto lungo e il cappello un po' consunto, Jack Thunder è una figura che pochi dimenticano. Perché quando entra in azione, è come il tuono: arriva, fa rumore, e lascia sempre un segno.

Anthony Grow, il solito omicida improvvisato, uno che ha pensato di poterla fare franca con una rabbia cieca e mani tremanti. Un tipo che si è trovato in un vicolo troppo buio, senza uscita, e ha scelto la via peggiore. Non è uno di quei killer calcolatori e freddi; no, lui è tutto l'opposto. Le mani che ora si stringono in pugni, il sudore che cola copioso – un uomo divorato dalla paura di essere scoperto, dal terrore di un rimorso che forse neanche sapeva di avere.

Anthony Grow non è nato per questo. Ha passato gran parte della sua vita a girare tra lavori precari e amici sbagliati, senza mai una vera direzione, finché non è finito dove non doveva essere, quella notte. E ora è qui, con la consapevolezza che Jack Thunder è alle sue spalle, ogni passo come un martello che lo spinge sempre più verso l'inevitabile.

Non ha un piano, non ha una via di fuga. Sa solo che deve correre, correre per distanziare il fiato del detective che gli brucia alle calcagna. E sa anche che probabilmente questa è una corsa che non può vincere.

E... placcato. La fuga finisce in un istante, con un tonfo sordo sul cemento e un grido strozzato. Jack Thunder gli è sopra in un attimo, saldo come una montagna, ginocchio premuto sulla schiena di Anthony Grow, che si contorce a terra, il volto schiacciato contro il suolo freddo e sporco. È finita. E lui lo sa.

"Anthony Grow, ti dichiaro in arresto. Hai il diritto di restare in silenzio." Le parole gli escono dalla bocca senza neanche pensarci, frasi ormai scolpite nella sua mente, tanto che potrebbe recitarle dormendo. "Ogni cosa che dirai sarà usata contro di te in tribunale. Hai diritto a un avvocato. Hai diritto a una telefonata. Hai compreso i tuoi diritti?"

Grow rantola un sì che a malapena si sente, il respiro corto, l'odore di asfalto e paura che gli riempie le narici. Jack sente l'adrenalina che ancora gli scorre nelle vene, ma le sue mani restano ferme mentre chiude le manette con un clic secco e definitivo. Il suo lavoro qui è fatto. L'inseguimento è finito, il copione rispettato fino alla fine. L'assassino è a terra, la giustizia – per oggi – ha avuto la sua vittoria.

Mentre si alza, Jack guarda il cielo grigio sopra di loro. Non c'è applauso, né riconoscimento, solo la solita calma dopo il temporale. Ma va bene così. Un altro caso chiuso, un altro nome spuntato dalla lista.

Le luci della pattuglia lampeggiano mentre si avvicina, colorando la strada di rosso e blu. Due agenti scendono, sguardi decisi e mani pronte, e in pochi secondi caricano Anthony Grow nel retro della macchina. Per lui, il destino è ormai segnato. Jack osserva la scena per un attimo, poi annuisce a uno dei poliziotti, aggiustandosi il bavero del cappotto, come a scrollarsi di dosso il freddo e la tensione.

Un profumo familiare nell'aria gli cattura l'attenzione: un piccolo chiosco di hot dog all'angolo della strada, fumante e accogliente come un vecchio amico. La fila è breve, la tentazione irresistibile.

"Dopotutto," borbotta a se stesso, un mezzo sorriso sulle labbra mentre si avvia verso il chiosco, "me lo sono meritato."

La città è ancora rumorosa attorno a lui, ma per un momento tutto si calma, come se il mondo si fermasse per regalargli quell'attimo di pace, un premio semplice dopo la lunga corsa. Ordina un hot dog con tutto sopra – senape, ketchup, cipolle. Un piccolo piacere in una vita di caccia e inseguimenti.

Una rapida leccata di dita per raccogliere gli ultimi residui di senape e ketchup, poi Jack Thunder si dirige verso la sua compagna più fedele: la Mustang del '69, scura e potente, parcheggiata appena oltre l'angolo. La macchina lo aspetta lì, un'ombra lunga e bassa che sembra quasi respirare sotto le luci dei lampioni. Il metallo scuro riflette un'ombra decisa, e mentre si avvicina, Jack non può fare a meno di accarezzare la carrozzeria ruvida, come si farebbe con un vecchio amico.

Quando infila la chiave e gira, il motore ruggisce con un suono profondo e inconfondibile, quasi animalesco, che vibra nel petto e rimbomba nei vicoli attorno. Forse la marmitta avrebbe bisogno di una sistemata, e probabilmente l'ufficio finanziario della centrale glielo ripete da mesi. Ma per Jack, quel suono è musica, un richiamo nostalgico che gli ricorda tutte le strade percorse, le notti passate a inseguire e catturare.

Mentre si allontana dal marciapiede, il motore canta la sua melodia graffiante, accompagnando Jack verso la centrale. Le luci della città scorrono veloci fuori dal finestrino, e lui si perde nei pensieri, già proiettato sul prossimo caso. Perché sa che, là fuori, c'è sempre un'altra storia che aspetta il tuono.

In centrale, il solito caos. Il ronzio costante dei telefoni che squillano, l'andirivieni dei detective e degli agenti in uniforme, ognuno con la propria missione stampata sul volto. Il suono dei passi pesanti sulle piastrelle si mescola al clangore delle manette e al vociare dei delinquenti appena prelevati dalle strade.

Jack attraversa la sala con passo deciso, il cappotto ancora addosso, uno sguardo attento che registra ogni dettaglio. Da una parte, un paio di balordi con le facce segnate e le mani legate dietro la schiena, gettano occhiate di sfida agli agenti che li scortano. Poco più in là, un prete pallido, con il colletto sgualcito, osserva tutto con aria perplessa, cercando di non incrociare troppi sguardi. In un angolo, un gruppetto di prostitute attende con sguardi spenti, un misto di noia e rassegnazione, mentre un agente le avvisa che saranno schedate di lì a poco.

Il solito spettacolo. Una galleria di volti e storie che si ripete ogni notte, ogni volta con sfumature diverse ma sempre familiari. A Jack basta un'occhiata per capire chi sono, cosa fanno, perché sono lì. Nulla di tutto questo lo sorprende più, eppure c'è qualcosa di ipnotico in quel continuo andirivieni, come se ogni notte la centrale fosse un palcoscenico dove gli attori cambiano, ma la storia resta sempre la stessa.

Si dirige verso la sua scrivania, accende la lampada e si toglie finalmente il cappotto, lasciandosi cadere sulla sedia. La serata è appena cominciata, e sa bene che il suo lavoro non finisce con un arresto.

Jack raggiunge la sua scrivania e trova Sam, il suo fido gregario, che sta armeggiando con il computer, lo sguardo concentrato, le dita che tamburellano sulla tastiera come se cercassero di strappare qualche segreto dallo schermo. Sam è uno di quelli che conosce ogni trucco digitale, sempre un passo avanti sugli aggiornamenti e sulle procedure informatiche. Un po' sfrontato, con la camicia perennemente fuori posto e un'aria da eterno apprendista, ma Jack sa di potersi fidare di lui come di pochi altri.

"Cosa abbiamo, Sam?" chiede Jack, mentre si sistema sulla sedia e incrocia le braccia, lo sguardo che si fa serio.

Sam alza appena gli occhi, con un sorriso complice che Jack ha visto molte volte. "Allora, capo, sembra che Grow non sia così improvvisato come pensavamo. Ho controllato il suo telefono, e guarda un po'... chiamate a numeri che portano a certi nomi che conosciamo già, gente dei bassifondi che non si lascia scappare una parola."

Jack solleva un sopracciglio, interessato. "Fammi indovinare: vecchie conoscenze?"

Sam annuisce, girando lo schermo per mostrare a Jack un elenco di numeri e nomi familiari. "Esatto. Non è un principiante qualunque. Queste telefonate indicano che qualcuno, là fuori, lo stava guidando. Qualcuno con più esperienza. Forse Grow è stato solo una pedina."

Jack stringe le labbra, lo sguardo che si fa più cupo. *Interessante*, pensa. Quella che sembrava una corsa finita inizia a somigliare a una partita a scacchi, con pedine e mosse calcolate. "Ottimo lavoro, Sam. Mettiamoci sotto. Qualcuno là fuori non ha ancora capito chi ha di fronte."

Sam Callegari. Italiano di seconda generazione, nato e cresciuto nel cuore pulsante della città, dove la vita corre più veloce e nessuno ha mai il tempo di fermarsi a guardare. In polizia da dieci anni esatti, giusto una decade in meno di Jack Thunder, ma con la stessa stoffa ruvida e consumata di chi ha visto troppa strada, troppa gente, troppe vite spezzate.

Ottimo informatico, uno di quelli che sa infilarsi in ogni piega del sistema, capace di scoprire cose che molti non vorrebbero mai sapere. Dietro quella tastiera è una mente tagliente, precisa come un bisturi. Ma fuori dall'orario di lavoro, le cose cambiano. Sam è pessimo in tutto ciò che richiede pazienza e stabilità. Un padre assente, perennemente distratto e in ritardo, uno che ai colloqui dei figli preferisce i rapporti d'intelligence e che risponde ai messaggi di casa solo quando il turno si è concluso e i bar sono già chiusi.

E poi c'è l'alcol. Il bicchiere di troppo che diventa due, poi tre, poi una serie che sfuma nel torbido della notte. Sa di avere un problema, ma la bottiglia è sempre lì, un'amica falsa ma fedele. Jack lo sa bene, e spesso ha dovuto coprirgli le spalle, stringendo i denti mentre si chiedeva quanto sarebbe durato. Ma nonostante tutto, Sam è un leale e sa fare il suo lavoro come pochi altri. Forse per questo Jack gli dà ancora fiducia, sperando che quel talento, in fondo, riesca a vincere anche i suoi demoni.

"Dai Sam, andiamo. Mettiti la giacca scura," borbotta Jack, con quel tono di voce che non ammette repliche.

Sam alza lo sguardo, smette di giocare con il computer, e annuisce. Nel distretto, "giacca scura" è un codice silenzioso, una frase che chiude ogni discussione. Significa che è ora di indossare il giubbotto antiproiettile, di lasciare ogni dubbio alla scrivania, di mettere da parte la routine per scendere in strada, pronti a tutto.

Sam si alza, prende il giubbotto pesante dall'appendiabiti e lo infila con un gesto stanco e abitudinario. La giacca scura ha quel peso particolare che tutti conoscono, quel misto di protezione e rischio, un'armatura che ti ricorda costantemente perché sei lì e cosa potresti affrontare.

"Siamo su un altro livello, eh, capo?" mormora Sam con un mezzo sorriso, sistemando il giubbotto.

Jack gli lancia uno sguardo rapido. "Esatto. Pedine o no, voglio capire chi sta muovendo i fili. E lo faremo stasera."

Con il suono dei giubbotti che si stringono e dei distintivi che luccicano ancora una volta, Jack e Sam si dirigono verso l'uscita, pronti per scoprire chi o cosa li attende nella notte.

Jack si volta verso di lui con un sorriso ironico e un lampo malizioso negli occhi. "Samuele! Il rito!"

Sam si ferma di colpo, sbuffa e rotola gli occhi al cielo. È Sam all'anagrafe, ma per sua madre è sempre stato Samuele, con quel nome pieno e rotondo che sembra rievocare chiese e tradizioni lontane. Con un sospiro teatrale, torna alla scrivania, dà un'occhiata alla foto della famiglia – sua moglie, i bambini che ormai lo vedono poco, ma sempre sorridenti nella cornice consumata. Si fa il segno della croce, manda un bacio alla foto e mormora qualcosa che solo lui sa. È un gesto a metà tra un'adorazione e un'autopresa in giro, un atto che ormai compie ogni volta, come se lo aiutasse a sentirsi un po' più saldo.

Jack se la ride sotto i baffi, divertito come sempre da quel rituale. Gli piace prendere in giro quel ragazzone italiano con il cuore troppo grande, così attaccato a certi gesti e a quella vena di innocenza quasi infantile. "Sei proprio un tipo unico, Sam," borbotta, scuotendo la testa.

"Qualcuno dovrà pur tenere le tue vecchie ossa protette, capo," replica Sam con un sorriso, aggiustandosi la giacca scura.

E con quel misto di serietà e battute, i due escono insieme, pronti ad affrontare la notte.

Salgono in auto, e appena si sistema sul sedile, Sam nota un involucro sgualcito di hot dog sul cruscotto, con tracce di senape ormai secche. Lo solleva tra due dita con un'espressione disgustata, scuote la testa e, senza pensarci troppo, lo getta fuori dal finestrino con un movimento rapido.

"Che modi," commenta Jack, con una nota di rimprovero e un sorriso divertito.

"Sei tu quello che infesta quest'auto con la roba unta," ribatte Sam con un mezzo sorriso, mentre si allaccia la cintura. "Un giorno, quel cuore ti esploderà dopo l'ennesimo hot dog."

Jack ride, accendendo il motore della Mustang, che ruggisce sotto di loro. "Tutta scena, Samuele. Sai bene che sono duro a morire."

La macchina parte, e con l'eco del motore a riempire la strada, i due si inoltrano nella notte, tra luci e ombre che danzano sui finestrini. È solo un'altra serata di lavoro per loro, ma tra battute e rituali, sanno che l'oscurità non è mai così nera quando si affronta in buona compagnia.

Arrivarono in un quartiere malfamato di Chicago. L'indirizzo che avevano come riferimento li aveva condotti davanti a un garage di riparazioni automobili, ma più che un'officina sembrava una discarica.

La Mustang di Jack si fermò bruscamente, il rombo del motore si spense lasciando il silenzio della notte a prendere il sopravvento. Davanti a loro si estendeva il luogo indicato sull'informativa, un angolo buio della città, uno di quei posti perennemente avvolti nell'ombra, anche alla luce del giorno.

L'officina si rivelava un edificio trasandato e sgraziato: un vecchio cartello sbiadito con la scritta "Riparazioni Auto e Ricambi" pendeva storto sopra la saracinesca arrugginita. Sembrava un cimitero di metallo più che un'officina, con pezzi di lamiera sparsi ovunque, pneumatici accatastati in ogni angolo e carcasse di vecchie auto arrugginite come scheletri abbandonati. Un odore di olio bruciato e metallo stagnante saturava l'aria, rendendo l'atmosfera ancora più cupa e desolata.

Sam si guardò attorno, aggrottando le sopracciglia. "Classico. Un bel posto di copertura. Chi mai verrebbe qui per una riparazione?" sussurrò con tono sarcastico.

Jack annuì, tenendo lo sguardo fisso sull'edificio. "Perfetto per chi vuole sparire. O nascondere qualcosa di grosso," mormorò, portando la mano alla fondina sotto il cappotto. "Tieni gli occhi aperti, Samuele."

Si scambiarono un cenno d'intesa, poi scesero dalla macchina e avanzarono con cautela verso il garage. La saracinesca appariva abbassata a metà, lasciando uno spiraglio oscuro, come una bocca spalancata da cui pareva filtrare un'ombra inquietante.

Dall'interno si udirono delle voci, attutite ma sufficientemente chiare da raggiungere Jack e Sam, nascosti nell'ombra.

"Lo hanno preso, dobbiamo metterlo a tacere prima che parli," sibilò qualcuno, con un tono carico di urgenza e preoccupazione.

Un'altra voce rispose, più profonda, forse di un uomo più anziano. "Abbiamo qualcuno lì?"

"Non so... forse," replicò la prima voce, incerta. "Ma dobbiamo stare attenti. Troppi occhi su di noi adesso."

Jack e Sam si scambiarono uno sguardo. Era chiaro che parlavano di Grow, l'uomo appena arrestato. Qualcuno voleva farlo tacere, e non avevano molto tempo.

"Centrale, abbiamo bisogno di rinforzi alla Sesta Avenue, numero 212," chiamò Sam alla radio con voce ferma, mentre i suoi occhi continuavano a scrutare l'oscurità dell'officina. La richiesta di rinforzi era necessaria; sapevano di avere a che fare con qualcuno che avrebbe fatto di tutto per evitare l'arresto.

Nel frattempo, Jack decise di giocare la carta dell'effetto sorpresa. Senza un attimo di esitazione, afferrò la saracinesca e la spalancò con un movimento secco e deciso. L'inquietante ruggito del metallo risuonò nell'officina come un colpo di pistola.

"Fermi tutti, polizia! Mani in alto!" tuonò Jack, la voce che riecheggiava tra le carcasse di auto e gli attrezzi sparsi. Era la formula di rito, quella che tutti conoscevano e che, nel migliore dei casi, poteva bloccare i criminali in un lampo di terrore.

Ma i volti degli uomini all'interno si dipinsero di sorpresa solo per un istante. Il comando di Jack fu accolto con sguardi carichi di rabbia e paura, ma non di resa. Uno di loro scattò immediatamente verso una porta laterale, mentre un altro si chinò dietro un vecchio banco da lavoro, cercando qualcosa – forse un'arma.

"Sempre fiducioso, eh, Jack?" mormorò Sam alle sue spalle, con un mezzo sorriso di complicità e la mano già sulla pistola, pronto all'azione.

Appena le parole di Jack risuonarono nell'officina, scoppiò il caos. I malviventi, cinque in tutto e ben armati, reagirono senza esitazione. In un attimo le pistole spuntarono dalle loro mani, e la prima raffica di proiettili esplose verso l'ingresso, costringendo Jack e Sam a cercare riparo dietro un vecchio motore arrugginito e un tavolo di metallo ingombro di attrezzi.

Le pallottole fischiarono nell'aria, rimbalzando sulle lamiere e producendo una cacofonia di rumori metallici che si mescolavano alle urla concitate degli uomini all'interno. Jack sbirciò da dietro il suo riparo, scorgendo le sagome che si muovevano frenetiche tra le ombre e il fumo delle armi appena scaricate.

"Cinque contro due, Sam. Ti sei portato la fortuna stasera?" scherzò Jack, respirando appena, il tono calmo nonostante la tensione.

"E tu, Jack? Sempre a scegliere i posti giusti per divertirti?" ribatté Sam, con un sorriso che mascherava l'adrenalina mentre rispondeva al fuoco, i colpi che si confondevano con quelli degli avversari.

La sparatoria infuriava, con le pallottole che fendevano l'aria e i due poliziotti che cercavano di avanzare centimetro dopo centimetro. Sapevano che i rinforzi sarebbero arrivati, ma fino ad allora erano soli contro cinque uomini decisi a tutto pur di non farsi prendere.

La gang era un assortimento di personaggi che si portavano dietro soprannomi tanto ironici quanto minacciosi, ognuno con la sua specialità e un passato che li aveva resi ciò che erano.

Ector "Occhi di Falco" era il primo, un nomignolo sarcastico, visto che aveva una pessima vista e portava sempre occhiali spessi come fondi di bottiglia. A ogni sparatoria, puntava più a fare scena che a colpire un bersaglio preciso, ma nessuno si prendeva la briga di dirglielo in faccia.

Poi c'era Martin "Il Duro", chiamato così non perché fosse un abile combattente, ma perché era privo di scrupoli. Un vero pezzo di ghiaccio senza un briciolo di compassione. Si diceva che non avesse mai sorriso, e a guardarlo non si sarebbe fatto fatica a crederci.

Frank "Lo Spaccino", un soprannome prevedibile, era il tipico spacciatore da strada. Quello che tutti conoscevano, sempre in cerca di nuovi clienti, sempre pronto a vendere a chiunque, un volto familiare nei vicoli bui della città.

Mike "Pistola" era il collezionista del gruppo, un appassionato di armi di ogni genere, dalla pistola automatica alla vecchia revolver. Per lui, una sparatoria era più una dimostrazione di stile che una vera battaglia. Tra la banda era il più armato, e il suo arsenale faceva di lui l'uomo più pericoloso del gruppo.

Infine c'era Gio Gio "L'Allibratore", quello che gestiva le scommesse e si occupava dei soldi. Abile nel far girare denaro sporco e calcolare le probabilità, Gio Gio sapeva che la vita era una scommessa, e quel giorno il rischio era altissimo.

Questi cinque uomini, ognuno con il proprio soprannome e le proprie abilità, formavano una gang disordinata e letale. E quella notte, avevano deciso di non farsi arrestare senza una lotta.

Ognuno dei cinque si era rintanato nella propria zona del garage, usando carcasse di auto, pile di pneumatici e vecchi banchi da lavoro come riparo. Sparavano con una furia cieca, come se non ci fosse un domani, i colpi esplodevano con violenza, riempiendo l'aria di polvere, schegge di metallo e un'eco assordante.

Ector "Occhi di Falco" si era nascosto dietro una pila di vecchi pneumatici, scaricando il caricatore alla cieca. Il suo sguardo incerto seguiva le ombre più che i bersagli, e le pallottole fischiavano lontano dai loro obiettivi.

Martin "Il Duro" invece era immobile come una statua, con la mascella serrata e lo sguardo glaciale. Ogni colpo era misurato e preciso, come se stesse cercando di mettere fine alla sparatoria con la stessa freddezza con cui si spegne una sigaretta.

Frank "Lo Spaccino" non aveva nessun talento particolare con le armi, ma sapeva come mantenere la copertura. Schiacciato dietro un vecchio banco, sparava senza esitare, il respiro corto e lo sguardo folle, più per farsi coraggio che per davvero centrare un bersaglio.

Mike "Pistola" aveva tirato fuori un'arma per ogni mano, quasi fosse uno show personale. Sparava come un forsennato, riempiendo il garage di proiettili, alternando pistole e caricatori, in una danza furiosa tra il tiro e il riparo.

Infine, Gio Gio "L'Allibratore" si era posizionato dietro una vecchia carcassa, sparando con mano tremante. Per lui, ogni colpo era un rischio calcolato, e non aveva nessuna voglia di lasciare quel garage in manette.

Jack e Sam, appiattiti contro una vecchia carrozzeria, si scambiavano uno sguardo di intesa tra una raffica e l'altra. Sapevano che, con quella gang, la resa non sarebbe stata facile.

"Ma guarda te, Jack, in che casini ci hai messi!" sbottò Sam, ricaricando la pistola con mani rapide ma tese. "Non potevi aspettare i rinforzi, eh? Fare le cose come si deve, una volta tanto?"

Jack sorrise, un sorriso leggero e provocatorio che spuntò anche in mezzo al caos della sparatoria. "Perché, hai paura, Samuele?"

Sam alzò gli occhi al cielo, stringendo i denti. "Non è questione di paura, Jack! È che sarebbe bello uscire di qui con qualche buco in meno."

Jack rispose con un ghigno mentre spuntava appena dalla copertura, scaricando un paio di colpi precisi verso Mike "Pistola", costringendolo a ritrarsi. "Ma così ti perderesti il divertimento. E poi, io ci tengo a tenerti in allenamento."

Sam scosse la testa, sparando una raffica verso Frank "Lo Spaccino", che si rintanò ancora di più dietro il banco da lavoro. "Allenamento? Jack, ti giuro, alla prossima ti lascio venire da solo!"

"Ma certo, Samuele," replicò Jack, con tono beffardo, proprio mentre un colpo si schiantava vicino alla sua testa, costringendolo a piegarsi di nuovo dietro il riparo. "Fino a quel momento, goditi il caos."

Con Jack era sempre così, pensò Sam mentre si preparava a uscire dalla copertura e rispondere al fuoco. Stare al suo fianco in situazioni come quella era come fare una cavalcata su un cavallo pazzo: adrenalinica, imprevedibile, e decisamente pericolosa. Ogni volta prometteva a se stesso che non avrebbe più seguito Jack in una delle sue idee folli, eppure eccolo lì, nel mezzo di un'officina che sembrava una zona di guerra, con proiettili che volavano in ogni direzione.

Jack era fatto così. Non esisteva per lui il "fare le cose con calma" o il "aspettiamo i rinforzi." Per Jack Thunder, c'era solo il momento, l'azione immediata, il confronto diretto con il pericolo. E Sam, nonostante le proteste, le lamentele e le battute sarcastiche, si trovava ogni volta a seguirlo. Perché, in fondo, sapeva che Jack era il tipo di cavallo pazzo che, contro ogni previsione, ti portava sempre al traguardo.

Sospirò, accennando un sorriso appena percettibile mentre sparava verso Martin "Il Duro" che si era esposto per un istante di troppo. Con Jack al fianco, ogni caso era una corsa selvaggia, e per quanto gli costasse ammetterlo, non avrebbe voluto cavalcare in nessun altro modo.

Quando la SWAT arrivò, fu come l'arrivo della cavalleria. Gli agenti scesero dai loro veicoli in un baleno, già armati e pronti, scattando verso l'officina con movimenti rapidi e coordinati. Jack si alzò dal suo riparo, un sorriso compiaciuto sul volto e le braccia incrociate.

"Ragazzi, ve li abbiamo scaldati per bene," disse con quel tono ironico che usava sempre nei momenti più tesi.

La squadra SWAT non perse tempo. In pochi secondi, piazzarono un paio di bombe a ultrasuoni, seguite da un lacrimogeno. Un sibilo acuto riempì l'aria, confondendo e stordendo i cinque malviventi, mentre il fumo bianco si diffondeva nel garage, costringendo i membri della gang a tossire e chiudere gli occhi.

Nel giro di un paio di minuti, la sparatoria si spense, lasciando solo il rumore di passi e grida soffocate. Uno a uno, gli uomini della gang uscirono dalle loro postazioni, mani alzate e volti contorti dalla sconfitta, storditi e privi di ogni velleità di combattere.

Jack si avvicinò a Sam, osservando con un sorriso soddisfatto mentre gli uomini della SWAT immobilizzavano i malviventi. "Direi che il lavoro pesante lo abbiamo già fatto, no?"

Sam ridacchiò, annuendo. "Proprio come piace a te, Jack. Al solito."

Cresta, così lo chiamavano tutti, con quel soprannome che si portava dietro dai tempi dell'accademia. Era il caposquadra della SWAT, un veterano che non aveva paura di niente e nessuno. Quando tutto si fu calmato, Cresta si avvicinò, togliendosi il casco e mostrando un sorriso di divertita rassegnazione.

"Avrei potuto scommetterci che eri coinvolto tu, Jack," disse, con quel tono burbero ma affettuoso che riservava solo agli amici di vecchia data. Gli occhi di Cresta brillavano, e dietro quella facciata dura si leggeva una stima sincera per Jack e le sue solite trovate al limite.

Jack rise, allungando la mano per stringere il pugno di Cresta in un gesto che diceva tutto senza bisogno di parole. Era un segno di rispetto reciproco, di amicizia costruita su anni di interventi e situazioni pericolose.

"Lo sai, Cresta, non mi piace lasciare che vi divertiate senza di me," ribatté Jack con un sorriso malizioso. "Grazie per il supporto, come sempre."

Cresta annuì, stringendo con forza. "Un giorno, Jack, uno di questi giorni ci prenderai tutti per sfinimento." Ma mentre si allontanava, lo sguardo pieno di rispetto, sapeva che Jack Thunder era l'ultimo a tirarsi indietro.

In centrale, l'atmosfera era carica di tensione. Gli interrogatori erano iniziati, e ogni membro della gang si trovava in una stanza diversa, isolato e sotto il fuoco incalzante degli agenti. Non c'era spazio per le chiacchiere o per la compassione. Era il momento di ottenere risposte, e Jack sapeva che con un po' di pressione avrebbero potuto scoprire il disegno dietro quella rete di crimini.

Ector "Occhi di Falco" era il primo, seduto su una sedia di metallo, con le mani tremanti e gli occhiali appannati dal nervosismo. Un paio di agenti lo incalzavano senza sosta, cercando di far breccia nelle sue esitazioni.

Nella stanza accanto, Martin "Il Duro" manteneva la sua maschera di indifferenza, rispondendo con frasi brevi e gelide, ma l'interrogatore non mollava. Sapeva che, prima o poi, anche Martin avrebbe ceduto sotto il peso delle prove e della pressione.

Frank "Lo Spaccino" non faceva altro che gettare occhiate nervose attorno a sé, alternando risposte confuse a mormorii incomprensibili. Per lui, il mondo stava crollando, e si capiva che non avrebbe resistito ancora a lungo.

Mike "Pistola" invece rispondeva con arroganza, cercando di sembrare impassibile, ma bastava uno sguardo attento per notare il nervosismo che traspariva dalle sue risposte. L'agente lo sapeva, e stava lentamente sgretolando la sua difesa.

Infine, Gio Gio "L'Allibratore" mostrava uno strano silenzio, come se stesse cercando di calcolare ogni parola. Ma sotto la pressione degli agenti, anche il miglior calcolo poteva rivelarsi un azzardo pericoloso.

Jack osservava da dietro il vetro a specchio, studiando ogni movimento, ogni espressione, ogni segno di cedimento. Sapeva che uno di loro avrebbe parlato, e bastava solo un piccolo spiraglio per aprire la diga.

Jack e Sam erano seduti alla loro scrivania, immersi nei dati e nelle immagini sullo schermo del computer, quando una figura si stagliò sulla porta dell'ufficio. Eleonor Black, il loro capo, entrò con passo deciso, la presenza che si imponeva naturalmente. Era una donna che aveva costruito la sua carriera su un percorso di ferro e sacrificio: quarant'anni e una reputazione che parlava da sola. Tra arresti spettacolari, missioni sotto copertura, e la determinazione di chi non si era mai risparmiata, Eleonor si era fatta strada in accademia e nel distretto, sputando sangue per arrivare dov'era.

Eleonor Black non era solo temuta, era anche ammirata e, nel suo modo fiero e inavvicinabile, estremamente affascinante. Con i suoi tratti decisi e un carisma magnetico, era la bambola più sexy che si potesse immaginare, e non c'era agente nel distretto che non l'avesse notata. Tra lei e Jack c'era sempre stata un'attrazione palpabile, una scintilla mai del tutto spenta, e sebbene entrambi fossero discreti, quel legame speciale non era passato inosservato.

Ma sul lavoro, Eleonor era un capo d'acciaio, forse il più duro che Jack e Sam avessero mai incontrato. Aveva un modo dispotico e rigoroso di gestire le operazioni, e non c'era margine di errore nelle sue aspettative. Tutti la rispettavano – o, più precisamente, ne avevano un po' timore.

"Thunder, Callegari," disse con voce ferma, guardandoli entrambi da sopra il tavolo. "Voglio aggiornamenti sulla gang. Chi di loro sta iniziando a cedere?"

Jack si scambiò uno sguardo con Sam, poi si voltò verso Eleonor con una smorfia di sfida. "Occhi di Falco e Lo Spaccino stanno per crollare. Dacci un altro po' di tempo e canteranno come usignoli."

Eleonor annuì, impassibile, ma Jack notò appena il brillio negli occhi che mostrava quanto apprezzasse la determinazione e l'audacia della sua squadra.

"Si, grazie per i complimenti, siamo stati in gamba io e Sam..." disse Jack con il suo solito tono ironico, sollevando appena il sopracciglio e incrociando le braccia con un mezzo sorriso.

Eleonor si fermò e lo fissò con uno sguardo tagliente, lo stesso che riservava ai peggiori criminali. "Se non lo sapessi già, ti direi che sei il solito… cazzone," ribatté, con un tono che non lasciava spazio a repliche. "Hai messo in pericolo non solo la tua vita, ma anche quella di Sam."

Jack trattenne a stento un sorriso. Con Eleonor era sempre così: in pubblico era il capo spietato, quello che non faceva sconti e che non permetteva un briciolo di disobbedienza. E lui, nonostante tutto, amava quel lato di lei. Ma sapeva anche che, al di là di quelle parole dure, c'era una preoccupazione genuina, un lato che lei non avrebbe mai mostrato davanti agli altri.

Eleonor lo fissò ancora un istante, poi si girò, dirigendosi verso il suo ufficio senza aggiungere altro, lasciando dietro di sé una scia di silenzio e tensione. Jack la seguì con lo sguardo, trattenendo un sorriso compiaciuto.

Eleonor entrò nel suo ufficio sbattendo la porta dietro di sé, e il rumore riecheggiò nell'open space del distretto. Jack si voltò verso Sam con un sorriso sornione e un lampo divertito negli occhi.

"Le piaccio da morire…" sussurrò, sgignazzando come uno studente impertinente.

Sam scosse la testa, lanciandogli uno sguardo di disapprovazione misto a divertimento. "Sei senza speranza,

Jack," mormorò. Ma sapeva bene che quel gioco faceva parte del fascino tra Jack e Eleonor: una tensione che, sebbene a volte esplosiva, li rendeva una squadra indomabile.

Jack si alzò dalla sedia con un sorriso ancora dipinto sul volto, sistemò il colletto della giacca e fece un respiro profondo. Poi, senza esitare, si diresse verso l'ufficio del capo. Sapeva che stava camminando su un terreno minato, ma per Jack Thunder, il rischio era solo un'altra parte del divertimento.

Jack entrò nell'ufficio e chiuse la porta dietro di sé, l'aria ancora intrisa di tensione. Eleonor lo fissava con il volto duro, lo sguardo tagliente, senza una traccia di quel calore che lui sapeva esserci da qualche parte sotto quella corazza.

Si avvicinò di un passo, abbassando la voce in un tono volutamente provocatorio. "Micetta, stasera ci vediamo?"

Eleonor esplose, scattando in avanti come una fiamma. "Sei un coglione, Jack! Ma davvero pensi che io mi diverta a stare qui, sapendo che prima o poi mi toccherà identificare il tuo cadavere? Pensare che una sera arriveranno da me con la notizia della tua uccisione?! Coglione!"

Jack rimase in silenzio, per un attimo quasi spiazzato da quella furia. Ma poi vide oltre la rabbia. Non era solo un rimprovero da capo; era preoccupazione, era frustrazione, era un misto di sentimenti che entrambi conoscevano fin troppo bene.

"Ehi…" disse con un tono più morbido, avvicinandosi. "Non è mai stata una passeggiata per nessuno di noi, Eleonor. Ma ci sono ancora. Sempre."

Eleonor lo fissò, gli occhi che tradivano un lampo di vulnerabilità. Avrebbe voluto dire qualcosa, ma si trattenne, chiudendo a pugno le mani per non cedere.

Eleonor sospirò, lasciando andare parte della tensione che le attanagliava il viso, e si sistemò dietro la scrivania. Si incrociò le braccia, fissando Jack con uno sguardo più professionale, ma il velo di preoccupazione non era del tutto scomparso.

"Dai, parlami di quei cinque…" disse, il tono deciso ma ormai privo di rabbia.

Jack annuì, avvicinandosi alla scrivania e posando le mani sul bordo, come se stesse per iniziare un resoconto dettagliato. "Abbiamo a che fare con una gang scalcinata, ma ben armata. Si muovono insieme da anni, e nonostante le apparenze, ciascuno di loro ha un ruolo preciso."

Iniziò con Ector "Occhi di Falco", raccontando come la sua reputazione di tiratore non fosse altro che una copertura: era poco più che un palo, ma serviva per confondere.

"Martin 'Il Duro', invece, è quello da temere. Freddo come il ghiaccio. Non ha problemi a fare danni, e credo che, di tutti, sarà il più difficile da far parlare."

Eleonor lo ascoltava attentamente, senza interromperlo, facendo un cenno di assenso ogni tanto, lasciando che Jack proseguisse.

"Frank 'Lo Spaccino' è il più debole. Non so quanto ci vorrà, ma a giudicare da come si comportava, credo che un po' di pressione e mollerà."

Jack continuò descrivendo Mike "Pistola" e la sua ossessione per le armi, l'unico capace di trasformare ogni scontro in uno show personale. Infine, parlò di Gio Gio "L'Allibratore", spiegando che era quello che gestiva le scommesse e i fondi della banda, il cervello dei traffici più intricati.

Eleonor lo ascoltò in silenzio, riflettendo su ciascun profilo. "Dobbiamo prenderli uno a uno, partire dal più debole e risalire la catena. Frank sarà la nostra chiave, e da lì li faremo crollare tutti."

Jack annuì, soddisfatto di vedere che anche Eleonor vedeva lo stesso piano.

"Ok," disse Eleonor, la voce ferma ma con una scintilla diversa negli occhi. "Stagli addosso. Adesso vieni qui."

Jack si avvicinò alla scrivania, alzando appena un sopracciglio, curioso di quel cambio improvviso. Prima che potesse dire una parola, Eleonor si sporse verso di lui, afferrandolo per il colletto della camicia, e lo baciò. Era un bacio rapido, deciso, ma intenso, uno di quelli che dicevano tutto senza bisogno di parole.

Poi, senza alcun preavviso, gli assestò una sberla, lasciandolo lì sorpreso e con una lieve traccia di bruciore sulla guancia.

"Coglione," mormorò, fissandolo con quello sguardo che combinava frustrazione e affetto, come solo Eleonor sapeva fare.

Jack sorrise, un sorriso lento e compiaciuto, mentre si aggiustava il colletto della camicia, ancora sentendo l'eco del bacio e della sberla. Senza dire nulla, si voltò e uscì dalla stanza, un sorriso più ampio che mai.

Come uscì dalla stanza, Jack incrociò lo sguardo di Sam, che alzò un sopracciglio con un'espressione interrogativa, cercando di capire cosa fosse successo. Jack rispose sollevando il pollice in segno di vittoria, accompagnato da un mezzo sorriso compiaciuto. Sam scosse appena la testa, trattenendo un sorrisetto – ormai sapeva che quel rapporto tra Jack ed Eleonor era un mistero che non avrebbe mai del tutto compreso.

Senza aggiungere altro, Jack si girò e si diresse con passo deciso verso la sala interrogatori. Era tempo di mettere in pratica il piano e di stringere la presa sulla gang.

Jack si era recato direttamente nella sala interrogatori dove lo aspettava Martin "Il Duro". Seduto con le braccia incrociate e il volto impassibile, Martin lo fissava con quell'aria glaciale che aveva conquistato il suo soprannome. Ma Jack, con il suo solito sguardo imperturbabile, sapeva bene come trattare quel tipo di uomo.

Si piegò verso di lui, fissandolo dritto negli occhi, e con una voce lenta e tagliente, sussurrò: "Più sono duri, più fanno un gran rumore quando si spezzano."

Martin serrò la mascella, lottando per mantenere la facciata. Ma Jack non gli diede tregua: continuava a pressarlo, scavando, insinuando dubbi e timori, pezzo dopo pezzo, come un martello che colpisce ripetutamente la stessa crepa fino a spaccare tutto.

Martin cercò di resistere, ma Jack vedeva i primi segni di cedimento. Le mani di Martin, prima ferme, iniziarono a muoversi nervosamente, e il suo sguardo vacillò appena. Era solo questione di tempo, e Jack ne era consapevole.

Finalmente, dopo interminabili minuti di pressione e domande incalzanti, Martin "Il Duro" cedette. La sua facciata glaciale si incrinò visibilmente: le spalle si abbassarono, e lo sguardo finì per sfuggire a quello di Jack, ormai consapevole di essere in trappola.

"Sì... va bene, va bene!" sbottò, la voce carica di frustrazione e rassegnazione. "Ti dirò tutto, d'accordo?"

Jack trattenne un sorriso soddisfatto, mantenendo però l'espressione seria. Sapeva che l'equilibrio era fragile, e un minimo errore avrebbe potuto far richiudere Martin nel suo guscio.

Martin iniziò a parlare, svelando nomi, dettagli e luoghi. Raccontò di come la gang si muovesse, di chi erano i mandanti, e soprattutto dei collegamenti con un'organizzazione più grande, che finora era rimasta nell'ombra. Era una ragnatela di traffici, ma Jack intuiva che avevano appena afferrato un filo importante.

Quando Martin finì, Jack si alzò lentamente, lasciandolo seduto lì, sfiancato e consapevole di aver tradito ciò che più lo definiva: la sua lealtà di ferro alla gang.

Con un'ultima occhiata al "Duro," Jack uscì dalla sala interrogatori, già mentalmente proiettato sulle prossime mosse.

Mentre Jack si avviava verso la porta, sentì la voce di Martin, ormai stanca e resa, che mormorava: "Mi… mi porteresti una camomilla?"

Jack si fermò per un istante, assaporando la richiesta. Non riuscì a trattenere un sorrisetto sarcastico e, girandosi appena verso Martin, rispose: "Una camomilla, eh? Che duro. Un vero duro…"

La frase era sferzante, una piccola vittoria che Jack si prese volentieri. Martin, che fino a pochi minuti prima aveva cercato di tenere alta la sua immagine imperturbabile, era lì, ridotto a chiedere una camomilla come un qualsiasi prigioniero sfinito.

Con un cenno di saluto ironico, Jack uscì dalla sala interrogatori, richiudendo la porta alle sue spalle. Attraversando il corridoio, si sentiva pronto per il passo successivo: usare tutto ciò che Martin aveva appena svelato per smantellare quella rete di criminali, pezzo dopo pezzo.

Jack attraversò il corridoio, il suono dei suoi passi rimbombava nel silenzio della centrale mentre rielaborava nella mente ogni parola che Martin "Il Duro" aveva sputato fuori. Le informazioni erano pesanti, il genere di cose che avrebbero potuto far crollare non solo una gang, ma l'intera struttura di traffici illeciti a cui erano collegati.

Raggiunse la scrivania dove Sam stava ancora armeggiando con il computer. Alzò lo sguardo appena vide Jack, notando quel sorriso soddisfatto che ormai conosceva fin troppo bene.

"Fammi indovinare," disse Sam, appoggiandosi allo schienale della sedia. "Il Duro si è sciolto come neve al sole."

"Più che altro, come una bustina di camomilla in acqua calda," ribatté Jack, ancora divertito. "Abbiamo tutto quello che ci serve. Nomi, luoghi, perfino un paio di dettagli sui loro contatti più grossi."

Sam fischiò, impressionato. "E adesso?"

"Adesso mettiamo insieme il puzzle," disse Jack, tirando fuori il taccuino con gli appunti presi durante l'interrogatorio. "E andiamo a stanarli."

Proprio mentre Jack si sedeva accanto a Sam, la porta dell'ufficio di Eleonor si aprì con forza, e lei uscì con passo deciso. Lo sguardo era quello di una donna che sapeva di dover gestire una situazione esplosiva. Si fermò accanto alla loro scrivania, guardando Jack con un misto di approvazione e autorità.

"Che hai tirato fuori dal Duro?" chiese, senza perdere tempo.

Jack le raccontò rapidamente i dettagli: il magazzino usato per nascondere la merce, un porto secondario dove avvenivano le consegne notturne, e soprattutto il nome di un certo *Victor Malone*, il pezzo grosso che tirava i fili della gang e probabilmente di molte altre. Eleonor ascoltò con attenzione, il suo volto impassibile mentre prendeva nota mentalmente.

"Victor Malone," ripeté. "Il tipo è un fantasma, Jack. Se riusciamo a prenderlo, sarà un colpo enorme."

"Non sarà facile," intervenne Sam, incrociando le braccia. "Se è davvero un fantasma, probabilmente saprà che stiamo arrivando."

Eleonor sorrise, un sorriso carico di sfida. "Per questo dobbiamo muoverci in fretta. Jack, Sam, preparatevi. Voglio un piano d'azione in venti minuti."

Jack la guardò andare via, poi si voltò verso Sam. "Hai sentito la boss. Tempo di metterci al lavoro."

Sam annuì, già piegato sul computer, mentre Jack preparava i dettagli per il prossimo colpo. Sapevano che quello sarebbe stato il momento decisivo: prendere Malone o perdere tutto.

Jack e Sam si misero subito al lavoro, raccogliendo i pezzi del puzzle forniti da Martin. Il magazzino segnalato era in una zona industriale al confine della città, un vecchio edificio vicino ai binari della ferrovia. Un posto perfetto per nascondere merce e organizzare consegne senza dare troppo nell'occhio.

"Questo Malone non è uno sprovveduto," disse Sam, digitando freneticamente sul computer. "Secondo quello che ho trovato, non ci sono tracce di lui nemmeno nei vecchi rapporti. È come se non esistesse ufficialmente."

"Eppure Martin l'ha nominato," rispose Jack, osservando una mappa della città. "Il Duro non è il tipo da inventarsi storie. Malone deve esserci, ed è lì che dobbiamo puntare."

Proprio mentre stavano affinando i dettagli del piano, Eleonor tornò con uno sguardo risoluto. "La SWAT è pronta a muoversi. Cresta vuole sapere se avete un piano abbastanza solido da non farci finire tutti in un casino."

Jack alzò lo sguardo, con il solito sorriso sicuro. "Abbiamo il magazzino, abbiamo l'orario delle prossime consegne, e sappiamo chi dobbiamo cercare. Cresta si fiderebbe di me anche con gli occhi chiusi."

Eleonor alzò un sopracciglio, incrociando le braccia. "Non mi risulta che Cresta abbia mai detto una cosa del genere."

Jack ridacchiò. "Forse no, ma stasera se ne convincerà."

Un'ora dopo, il team si trovava vicino al magazzino. La SWAT aveva circondato l'edificio, e Jack, insieme a Eleonor e Sam, osservava la scena da una posizione sopraelevata. Il magazzino sembrava calmo, ma l'esperienza diceva a tutti che dentro c'era attività. Alcune luci deboli si intravedevano dalle finestre, e due uomini armati erano visibili vicino a un'entrata laterale.

"Abbiamo visto movimenti da quell'ingresso," sussurrò Cresta, indicando il punto. "Probabilmente è lì che Malone tiene i suoi uomini e la merce."

"Perfetto," rispose Jack. "Stasera gli facciamo una sorpresa che non dimenticherà."

Eleonor annuì, sistemando il giubbotto antiproiettile. "Niente errori, Jack. Questa è grossa."

Jack la guardò e, con un tono più serio del solito, rispose: "Non ti preoccupare, Micetta. Siamo pronti."

Cresta diede il segnale, e la squadra si mosse in silenzio, avvicinandosi al magazzino con movimenti rapidi e precisi. Jack, Eleonor e Sam si unirono all'azione, avanzando verso l'ingresso principale. L'aria era densa di tensione: sapevano che una volta dentro, la situazione poteva esplodere in qualsiasi momento.

Jack aprì la porta lentamente, e la scena all'interno li confermò quello che temevano. Il magazzino era pieno di casse, armi e almeno una decina di uomini armati. Tra di loro, un uomo distinto, con un completo nero e un'aria glaciale, stava dando ordini. *Victor Malone*.

"È lui," sussurrò Eleonor, con gli occhi fissi sul bersaglio.

Jack strinse la pistola, il cuore che batteva forte. "Allora andiamo a prenderlo."

La squadra fece irruzione nel magazzino con un'esplosione di movimento. La SWAT si mosse in formazione, le armi puntate mentre ordinavano a tutti di fermarsi e alzare le mani. Ma come prevedibile, la reazione degli uomini di Malone fu immediata e brutale.

Uno degli scagnozzi aprì il fuoco, dando inizio a una sparatoria che trasformò il magazzino in un campo di battaglia. Jack si gettò dietro una pila di casse, con Eleonor e Sam che lo seguirono al riparo.

"Dove cavolo è Cresta?" urlò Sam, sparando un paio di colpi verso un uomo che si stava nascondendo dietro un carrello elevatore.

"Sta gestendo il lato sud!" rispose Jack, mentre controllava il caricatore e si sporgeva per un colpo rapido, che mandò uno degli uomini a terra.

Eleonor, con il suo solito sangue freddo, si mosse con precisione letale. "Malone sta cercando di sgattaiolare via!" gridò, indicando una porta sul retro. E infatti, Victor Malone, il pezzo grosso, stava tentando di scivolare fuori mentre i suoi uomini distraevano la squadra con una raffica di colpi.

"Non questa volta," mormorò Jack, balzando fuori dal riparo. Con Eleonor e Sam al seguito, si fece strada tra il caos, abbattendo un paio di scagnozzi lungo il percorso. La SWAT teneva il controllo del perimetro, ma Jack sapeva che Malone era la vera preda.

Quando raggiunsero la porta sul retro, trovarono Malone già fuori, che correva verso un SUV nero parcheggiato accanto al magazzino. Jack non perse tempo: scattò in avanti con la velocità e l'audacia che lo avevano reso famoso.

"Victor Malone!" gridò, puntando la pistola. "Fermo o sparo!"

Malone si voltò, il volto freddo e calcolatore. Ma sapeva di non avere scelta. Con un gesto lento, alzò le mani, lasciando cadere la pistola che teneva. Il rumore dell'arma che colpiva il cemento sembrò segnare la fine del suo impero.

Eleonor arrivò subito accanto a Jack, il fiato corto ma con lo sguardo fermo. "Finalmente," disse, mentre Sam si avvicinava con le manette in mano.

"Victor Malone, sei in arresto," annunciò Jack, con un tono che tradiva una soddisfazione immensa. "Hai il diritto di restare in silenzio..."

Malone lo fissò con uno sguardo di odio, ma non disse nulla. Sapeva che il suo gioco era finito.

Mentre la SWAT completava la bonifica del magazzino e caricava gli altri arrestati nei furgoni, Jack, Eleonor e Sam osservavano Malone che veniva portato via in manette. Era stata una lunga notte, ma alla fine, il loro lavoro aveva dato i suoi frutti.

Eleonor si voltò verso Jack, il suo solito tono autoritario mitigato da un leggero sorriso. "Bel lavoro, Thunder. Anche se sei sempre troppo incosciente per i miei gusti."

Jack le lanciò uno sguardo divertito. "E a te piace così, Micetta."

Eleonor scosse la testa con un sorriso, mentre Sam ridacchiava alle loro spalle. Era stata una notte da ricordare, e una vittoria importante per il distretto. Ma per Jack Thunder, era solo un altro capitolo nella sua incessante battaglia contro il crimine.

Con Malone finalmente in custodia, il magazzino bonificato e la gang smantellata, l'aria al distretto era carica di un'energia diversa. Nonostante l'ora tarda, c'era un fermento nei corridoi: agenti che si scambiavano informazioni, rapporti che venivano compilati in fretta, e un senso di vittoria palpabile che pervadeva l'intero edificio.

Jack, Eleonor e Sam rientrarono poco dopo. Sam si gettò sulla sua sedia, visibilmente esausto. "Dico io, ogni volta con te finisce che quasi ci lascio un rene," borbottò, massaggiandosi il fianco dove il giubbotto antiproiettile aveva assorbito un colpo.

Jack si sedette accanto, lasciandosi andare con un sorriso soddisfatto. "Ma sei ancora intero, Samuele. E con una storia da raccontare, niente di meno."

Eleonor arrivò poco dopo, con un fascicolo sottobraccio e un'espressione seria, ma i suoi occhi tradivano un'ombra di soddisfazione. Si fermò davanti alla scrivania di Jack, incrociando le braccia.

"Malone ha già iniziato a parlare," annunciò. "Pare che fosse coinvolto in qualcosa di ancora più grande. Abbiamo trovato tracce di collegamenti internazionali nei suoi documenti. Traffico d'armi, droga, perfino persone. Questo caso sta diventando enorme."

Jack fischiò piano, incrociando le braccia sul petto. "Sapevo che il nostro Victor era grosso, ma non immaginavo così tanto."

"E ora siamo nel mirino di gente che probabilmente non si farà scrupoli a rispondere," continuò Eleonor. "Dovremo agire in fretta, prima che si organizzino per colpire."

Sam alzò una mano, con il solito sarcasmo che mascherava il suo nervosismo. "Aspettate, aspettate... non possiamo prenderci almeno un caffè prima di buttarci in una cospirazione internazionale?"

Eleonor trattenne un sorriso. "Va bene, prendetevi un caffè. Ma non rilassatevi troppo. Domani mattina voglio entrambi nel mio ufficio con un piano per affrontare questa situazione. Intesi?"

"Intesi, capo," rispose Jack con un cenno di saluto ironico.

Mentre Eleonor si allontanava, Jack si girò verso Sam con un sorriso malizioso. "Che ti avevo detto, Samuele? La vita è sempre un po' più interessante quando hai un cavallo pazzo al fianco."

Sam sbuffò, ma non riuscì a trattenere una risata. "Un giorno, Jack, giuro che me ne vado in pensione. E sarà lontano da te."

Jack rise, guardando il caffè fumante che aveva appena preso. "Ma non sarà domani."

Il caso di Malone era tutt'altro che chiuso, ma per quella notte, c'era un momento di tregua. E nel distretto, quella piccola vittoria brillava come una fiamma in mezzo all'oscurità.

Dopo l'incontro con Harlan, Jack uscì dalla sala conferenze con la mente in fermento. L'idea di collaborare con i federali non gli piaceva, ma sapeva che, con Malone in custodia e un'organizzazione più grande da smantellare, era necessario fare qualche compromesso.

Attraversò il corridoio e si fermò alla scrivania di Sam, che lo guardò con un sorriso sarcastico. "Allora? Com'è andata con l'uomo di ghiaccio?"

"Come previsto," rispose Jack, lasciandosi cadere sulla sedia. "Harlan è il classico federale: freddo, calcolatore, e convinto di essere il più sveglio nella stanza. Ma almeno non ci hanno ancora spinti fuori."

Sam ridacchiò. "Per ora. Aspetta che inizino a chiamare tutti con i loro acronimi e diagrammi a torta. Comunque, ho controllato alcuni dei nomi che Malone ci ha lasciato. Uno in particolare si ripete parecchio nei documenti: *Larsen & Co.* Sembra una società di logistica, ma i loro registri sono... strani."

"Strani come?" chiese Jack, incuriosito.

Sam girò lo schermo del computer verso di lui. "Strani come consegne a porti che non esistono, camion registrati con targhe fasulle, e una contabilità che sembra scritta da qualcuno che non ha mai visto una calcolatrice."

Jack scrutò lo schermo, il volto serio. "Potrebbero essere la chiave. Se Larsen & Co. è il fronte che usano per spostare merce, allora dobbiamo scoprire dove vanno a parare le loro rotte."

In quel momento, Eleonor si avvicinò, con il solito passo deciso e una cartella in mano. "Buone notizie," disse, posando la cartella sulla scrivania di Jack. "Il giudice ha firmato il mandato per Larsen & Co. Possiamo mettere sotto sorveglianza i loro magazzini e controllare i movimenti. Ma dobbiamo agire in fretta. Se Malone ha parlato, il resto della rete potrebbe già sapere che siamo sulle loro tracce."

Jack annuì, con un sorriso che tradiva un pizzico di eccitazione. "Perfetto. Controlliamo ogni camion, ogni spedizione, ogni dipendente. Se c'è qualcosa di grosso, voglio sapere esattamente dove e quando colpiranno."

Quella sera, Jack e Sam si trovavano in un furgone della sorveglianza parcheggiato fuori dal principale magazzino di Larsen & Co. Le luci del magazzino illuminavano a malapena l'area, e un paio di camion erano visibili attraverso il binocolo di Sam.

"Hai idea di quante tazze di caffè ci serviranno per questa notte?" borbottò Sam, osservando un paio di uomini che caricavano casse su un camion.

"Quante bastano per non farci crollare," rispose Jack, senza staccare gli occhi dal binocolo. "Guarda lì. Quel camion è carico, ma non c'è un solo logo sulla carrozzeria."

Sam si sporse leggermente, osservando meglio. "E guarda chi lo sta caricando… il nostro amico Malone ci ha detto che usano solo gente fidata. Questi non sono semplici magazzinieri."

Jack sorrise, quel sorriso che preannunciava azione. "È ora di chiamare rinforzi, Samuele. Larsen & Co. ci sta regalando un bel pacchetto."

Sam prese il telefono, mentre Jack fissava il camion che iniziava a muoversi. Era il momento di fare un altro passo nella caccia, e Jack Thunder era pronto a guidarla.

Mentre Sam chiamava i rinforzi, Jack non distoglieva lo sguardo dal camion che usciva dal magazzino. Gli uomini all'interno del veicolo avevano un'aria tutt'altro che casuale: erano chiaramente abituati a quel tipo di lavoro, e non sembravano preoccuparsi di nascondere il fatto che non si trattava di una semplice consegna.

"Il camion sta uscendo," disse Jack a Sam, senza staccare gli occhi dal veicolo. "Speriamo che i rinforzi non ci mettano troppo."

Sam, al telefono con Cresta, gli fece un cenno rapido. "La SWAT è già in marcia. Cresta dice che ci raggiungono in dieci minuti."

Jack grugnì. "Dieci minuti? Quel camion potrebbe essere fuori città per allora." Si voltò verso Sam con un'espressione decisa. "Andiamo."

"Cosa?" Sam alzò lo sguardo dal telefono. "Jack, dobbiamo aspettare. Non possiamo inseguire quel coso da soli."

Jack afferrò le chiavi della Mustang e sorrise. "Lo stiamo solo tenendo d'occhio, Samuele. Nessun inseguimento folle, lo prometto."

Sam sospirò, rassegnato. "Promesse fatte da te valgono quanto una pistola giocattolo. Ma va bene, andiamo. Tanto sapevo che finiva così."

***

La Mustang ruggì mentre si infilava nel traffico notturno, seguendo il camion a distanza. Jack teneva il piede sull'acceleratore, ma senza mai avvicinarsi troppo. Il veicolo si muoveva verso la periferia, dirigendosi in una zona industriale ancora più isolata.

"Dove diavolo stanno andando?" mormorò Sam, controllando il GPS sul suo telefono. "Questo posto non è segnato come uno dei loro magazzini."

Jack fece una smorfia. "Forse stiamo scoprendo una nuova base. Malone non ha detto tutto, e questi tipi sono più furbi di quanto pensassi."

Mentre si avvicinavano alla destinazione, il camion svoltò in una strada laterale e si fermò davanti a un edificio dall'aspetto anonimo, circondato da un alto recinto di metallo. Jack parcheggiò la Mustang a una distanza di sicurezza e spense le luci.

"Ok, ora vediamo cosa combinano," disse Jack, prendendo un binocolo.

Gli uomini del camion iniziarono a scaricare le casse, trasportandole all'interno dell'edificio. Jack notò altre persone all'interno, armate e decisamente sul chi vive.

"Non è un semplice magazzino," disse, osservando con attenzione. "Hanno troppi uomini armati per una semplice operazione di logistica."

Sam, accanto a lui, tirò fuori il telefono e scattò qualche foto. "Cresta deve vederlo. Questo potrebbe essere un deposito centrale, o qualcosa di più grosso."

Proprio in quel momento, Jack notò qualcosa che lo fece irrigidire. Una delle casse che stavano scaricando si aprì leggermente, e dal bordo si intravide qualcosa di brillante: armi automatiche, e parecchie.

"Traffico d'armi," sussurrò Jack, il tono carico di tensione. "Adesso abbiamo tutto ciò che ci serve."

Sam stava già inviando le foto al distretto, ma prima che potesse finire, uno degli uomini vicino al camion alzò la testa, guardando nella loro direzione.

"Jack," disse Sam, il tono improvvisamente teso. "Penso che ci abbiano visto."

Jack strinse le mani sul volante, osservando l'uomo che parlava con gli altri, indicando chiaramente nella loro direzione. "Accidenti. Preparati, Samuele. La festa sta per iniziare."

Prima che potessero decidere cosa fare, un paio di uomini armati salirono su un altro veicolo e si diressero a tutta velocità verso di loro.

Il rumore del motore del veicolo che si avvicinava riempì l'aria. Jack scattò immediatamente in azione, girando la chiave nella Mustang e accendendo il motore con un ruggito inconfondibile.

"Tieniti forte, Samuele," disse, con un sorriso che tradiva l'adrenalina che già gli scorreva nelle vene.

"Jack, giuro che se usciamo vivi da questa, ti ammazzo io," ribatté Sam, afferrando il maniglione della portiera con una mano e il suo telefono con l'altra.

Il SUV dietro di loro accelerò, le luci abbaglianti puntate direttamente verso la Mustang. Jack premette sull'acceleratore, sterzando bruscamente e uscendo dal loro nascondiglio. La Mustang si lanciò sulla strada, guadagnando velocità.

"Pensavo che non dovessimo fare un inseguimento folle," gridò Sam, mentre l'auto sfrecciava tra le curve strette della zona industriale.

"Non è folle, è strategico," rispose Jack, con quel tono tranquillo e sicuro che faceva infuriare Sam ancora di più.

Il SUV dietro di loro non mollava, avvicinandosi sempre di più. Gli uomini a bordo aprirono il finestrino, e un colpo di pistola echeggiò nella notte, scheggiando il retro della Mustang.

"Stanno sparando, Jack!" urlò Sam, chinandosi istintivamente. "Se questo è strategico, preferisco il caos!"

Jack sterzò di colpo, infilando la Mustang in un vicolo stretto. Il SUV, più grande e meno agile, rallentò leggermente, guadagnando loro qualche secondo.

"Sta zitto e tieni gli occhi aperti," disse Jack, girando a un altro incrocio. Aveva una mappa mentale del quartiere e sapeva che, con un po' di fortuna, potevano disorientare gli inseguitori.

Finalmente, intravidero in lontananza le luci lampeggianti di un furgone della SWAT. Cresta e la sua squadra erano arrivati. Jack sgommò su un'altra curva e si lanciò verso il punto di incontro.

Il SUV dietro di loro rallentò bruscamente quando gli uomini a bordo videro i rinforzi. Con un urlo di pneumatici, fecero una manovra rischiosa e tornarono indietro, svanendo nel buio.

Jack fermò la Mustang di colpo vicino al furgone della SWAT. Cresta si avvicinò, il volto serio. "Mi pareva di averti detto di aspettare i rinforzi."

Jack uscì dall'auto con un sorriso soddisfatto. "Aspettare non è il mio stile, Cresta. Ma abbiamo trovato qualcosa di grosso: armi automatiche, casse intere. Il magazzino è un deposito centrale."

Cresta annuì, già impartendo ordini alla squadra. "Bene. Ora lasciaci fare il lavoro pesante."

Jack guardò Sam, ancora seduto in macchina con l'aria di chi aveva visto la morte in faccia. "Allora, Samuele, ci siamo guadagnati una pausa?"

Sam uscì barcollando, fissandolo con occhi spalancati. "Jack, se non fosse che ti voglio ancora vivo per pagarmi la terapia, ti prenderei a pugni adesso."

Jack scoppiò a ridere. "Dai, ammettilo. Non vorresti essere da nessun'altra parte."

Sam sbuffò, ma non rispose. Intanto, la squadra SWAT si preparava a fare irruzione nel magazzino. La battaglia non era finita, ma per quella notte, Jack e Sam avevano fatto il loro dovere.

La squadra SWAT si mosse rapidamente verso il magazzino, con Cresta in testa. Le luci delle torce illuminavano la scena mentre gli agenti prendevano posizione. Jack e Sam rimasero a distanza, osservando l'operazione. Il respiro di Sam era ancora affannoso, ma il suo sarcasmo non l'aveva abbandonato.

"Se solo sapessi come fare a licenziarmi senza finire coinvolto in un altro inseguimento..." mormorò Sam, fissando Jack.

"Non sei il tipo da scrivania, Samuele," rispose Jack con un sorriso sornione. "Hai bisogno di questo caos quanto me."

"Non confondere il bisogno di pagare l'affitto con la voglia di morire," ribatté Sam, scatenando una risata soffocata da parte di Jack.

Dall'altra parte della strada, il magazzino esplose in un lampo di azione. Con un boato assordante, la SWAT abbatté la porta principale, irrompendo all'interno. Gli uomini armati all'interno tentarono di reagire, ma furono sopraffatti dalla precisione e dalla forza della squadra. Spari echeggiarono per un paio di minuti, seguiti dal rumore di ordini gridati e delle manette che scattavano.

Jack e Sam si avvicinarono con cautela quando la situazione si calmò. Cresta li incontrò all'ingresso, con il volto coperto da una sottile patina di sudore.

"È fatta," annunciò. "Abbiamo trovato più di quanto ci aspettassimo: casse di armi, contanti, e persino qualche documento interessante. Se Malone non ci aveva già dato abbastanza, ora abbiamo tutto per legare il resto della rete a lui."

"Qualcuno importante tra i catturati?" chiese Jack, scrutando i prigionieri che venivano condotti fuori uno a uno.

Cresta annuì. "Un paio di pezzi grossi, nomi che non conosciamo ancora, ma sembrano essere intermediari internazionali. Potrebbero portarci direttamente al burattinaio."

Jack rifletté un momento, il sorriso che gli si allargava sul volto. "Bene. Sembra che stiamo facendo progressi."

Sam, nel frattempo, fissava le casse che venivano portate fuori. "Jack, lo sai che adesso ci aspetta un'altra settimana in sala interrogatori, vero? E che sarai tu a gestire i federali? Io me ne tiro fuori."

"Stai tranquillo, Samuele. Siamo solo all'inizio," rispose Jack con un ghigno.

Ore dopo, al distretto, Eleonor li attendeva nel suo ufficio, il volto serio ma con una scintilla di soddisfazione. "Cresta mi ha aggiornato," disse, incrociando le braccia. "Bel lavoro. Abbiamo una montagna di prove e uomini disposti a parlare. Malone e i suoi amici non avranno scampo."

Jack si appoggiò alla scrivania, con quel suo solito sorriso beffardo. "Lo sai, capo. Quando si tratta di caos, siamo i migliori."

Eleonor scosse la testa, ma non riuscì a trattenere un sorriso. "Sei un incosciente, Jack. Ma stavolta hai fatto centro. Non pensare però che sia finita. Ora abbiamo federali, capi di distretto e giornalisti addosso. Voglio che tu e Sam prepariate un resoconto impeccabile."

Jack si alzò, facendo un cenno di saluto. "Resoconto impeccabile, certo. Lo sai che siamo esperti in burocrazia."

Eleonor gli lanciò uno sguardo di avvertimento, ma Jack uscì dall'ufficio con un sorriso, già pronto per il prossimo capitolo.

Quella notte aveva segnato una vittoria importante, ma sapeva che la vera battaglia contro il burattinaio di Malone era appena iniziata. E Jack Thunder, come sempre, era pronto per il gioco.

Il distretto era ancora in fermento, con agenti che correvano avanti e indietro, fascicoli che si accumulavano, e il ronzio costante dei telefoni che squillavano senza sosta. Jack e Sam erano tornati alla loro scrivania, circondati da rapporti e fotografie. La stanchezza era evidente nei loro volti, ma l'adrenalina del caso ancora aperto li teneva svegli.

"Ok," disse Sam, lanciando un fascicolo sul tavolo. "Abbiamo Malone, abbiamo i suoi scagnozzi, e ora anche una serie di intermediari presi al magazzino. Ma chi è questo maledetto burattinaio? Tutto questo non ha senso senza sapere chi tira le fila."

Jack si strofinò il mento, osservando un'immagine di uno dei documenti recuperati. Tra le pagine, una nota scritta a mano attirò la sua attenzione: un nome e una data. "*Ravel, 22 novembre, Porto 14.*"

"Guarda questo," disse, indicando la nota a Sam. "Ravel. Potrebbe essere un nome in codice o un cognome. E quella data... è domani."

Sam scrutò il documento con occhi socchiusi. "E Porto 14? È uno dei porti più isolati della città. Nessuna sorveglianza pesante, ottimo per operazioni illegali."

Jack si alzò dalla sedia, afferrando la giacca. "Non possiamo ignorarlo. Se questo 'Ravel' è il burattinaio, allora domani avremo l'occasione perfetta per catturarlo."

Sam sospirò, infilando anche lui la giacca. "Eccoci di nuovo. Lo sai, Jack, un giorno mi comprerò una villa in campagna e lascerò tutto questo caos alle spalle."

Jack sorrise. "Quel giorno non è oggi, Samuele."

***

La mattina successiva, Jack, Sam e una squadra di agenti, inclusa la SWAT, si erano appostati intorno al Porto 14. L'area era silenziosa, con solo il rumore delle onde che lambivano la banchina e il grido occasionale dei gabbiani. I container erano impilati in altezze vertiginose, creando ombre profonde che nascondevano ogni movimento.

"Vedo un camion," disse Sam attraverso il binocolo. "Sta scaricando qualcosa... aspetta. Un'auto sta arrivando."

Jack afferrò il binocolo e osservò attentamente. Una berlina nera si fermò vicino al camion, e un uomo alto e ben vestito scese, seguito da altri due con pistole ben visibili.

"Lui deve essere Ravel," mormorò Jack. "Guarda come si muove. È lui che comanda."

Eleonor, che era con loro nell'operazione, prese il microfono. "Aspettate che inizino lo scambio. Voglio tutti vivi e in custodia."

La tensione aumentava. Gli uomini iniziarono a scaricare casse dal camion, mentre Ravel parlava con uno dei suoi, indicando il carico. Le casse venivano aperte, rivelando un misto di armi e denaro.

"È il momento," disse Eleonor. "Andiamo."

La squadra si mosse con precisione, circondando l'area in pochi secondi. Quando i primi agenti irruppero nella zona, le urla riempirono l'aria. "Polizia! Fermi tutti! Mani in alto!"

Per un attimo, sembrò che gli uomini di Ravel stessero per arrendersi. Ma poi uno di loro afferrò un'arma e aprì il fuoco. L'intera scena esplose in un caos di spari, urla e movimenti frenetici.

Jack si mosse rapidamente, spingendo Sam al riparo dietro un container. "Sempre così, eh, Samuele?" gridò sopra il rumore.

"Non è mai semplice con te, Jack!" rispose Sam, sparando un paio di colpi verso uno degli uomini armati.

Nel frattempo, Ravel cercava di fuggire, correndo verso un piccolo motoscafo ancorato alla banchina. Jack lo vide e scattò in avanti, zigzagando tra i container per avvicinarsi.

"Ravel!" gridò, puntando la pistola. "Fermo o sparo!"

Ravel si voltò, con un sorriso freddo e calcolatore, e tirò fuori una pistola. Ma Jack fu più veloce. Un singolo colpo risuonò nell'aria, colpendo l'arma di Ravel e facendola volare via.

"Finita," disse Jack, avanzando con calma mentre gli agenti lo raggiungevano. Ravel alzò le mani, il sorriso sparito dal suo volto.

Eleonor arrivò poco dopo, le mani sui fianchi. "Bel lavoro, Thunder. Ma adesso inizia la parte più difficile: far cantare quest'uomo."

Jack annuì, guardando Ravel che veniva portato via. Sapeva che quella era stata una vittoria importante, ma la battaglia era tutt'altro che finita. Il burattinaio era nelle loro mani, e ora avrebbero scoperto quanta rete c'era ancora da smantellare.

Mentre il caos al porto si placava, Jack e gli altri agenti continuavano a mettere in sicurezza la scena. Gli uomini di Ravel erano stati neutralizzati, e il carico di armi e denaro era stato confiscato. Tuttavia, proprio mentre Jack si voltava verso Sam per fargli un cenno, accadde l'imprevedibile.

Uno degli uomini della gang, che sembrava già disarmato, estrasse una pistola nascosta nella giacca e aprì il fuoco verso gli agenti. Un solo colpo, diretto e preciso. Jack non ebbe il tempo di reagire: il proiettile colpì Sam al fianco, facendolo crollare a terra.

"Sam!" urlò Jack, correndo verso di lui mentre il tiratore veniva subito neutralizzato dalla SWAT.

Sam era steso sul pavimento del porto, il sangue che si allargava rapidamente sotto di lui. Il respiro era affannoso, e il suo volto, solitamente pieno di sarcasmo, era ora pallido e teso.

"Dannazione, Samuele, resta con me!" Jack si inginocchiò accanto a lui, premendo con forza sul fianco per cercare di fermare l'emorragia. "Non ti azzardare a mollare adesso!"

Sam cercò di sorridere, anche se il dolore era evidente. "Ecco... cosa succede quando... si lavora con un cavallo pazzo..." disse con un filo di voce, tossendo debolmente.

"Stai zitto e risparmia le forze," rispose Jack, mentre con la mano libera tirava fuori la radio. "Abbiamo bisogno di un'ambulanza, subito! Agente a terra, ferita grave!"

Eleonor si avvicinò di corsa, il volto segnato dalla preoccupazione. "Jack, come sta?"

"Non lo so," rispose senza alzare lo sguardo, continuando a premere sulla ferita. "Ma deve farcela. Non accetto altre opzioni."

Sam cercò di ridacchiare, ma il fiato gli mancava. "Non fare il sentimentale... capo..."

Jack gli lanciò uno sguardo che mescolava rabbia e disperazione. "Taci, Sam. Devi ancora finire quel rapporto impeccabile per Eleonor, ricordi? E devo ancora offrirti quella birra che continuo a rimandare."

Le sirene dell'ambulanza si avvicinavano, ma il tempo sembrava dilatarsi. Quando i paramedici arrivarono, Jack li guidò freneticamente verso Sam, spiegando la ferita con precisione. "Ha perso molto sangue, ma il proiettile sembra essere passato attraverso. Dovete portarlo subito via!"

I paramedici lavorarono rapidamente, caricando Sam sulla barella. Jack lo seguì fino all'ambulanza, ma Eleonor lo fermò, appoggiandogli una mano sulla spalla.

"Lascia che facciano il loro lavoro, Jack," disse con un tono fermo ma gentile. "Ha bisogno di te lucido per il resto."

Jack annuì, sebbene ogni fibra del suo essere volesse salire su quel veicolo. Guardò l'ambulanza sfrecciare via, il suono della sirena che si allontanava nel buio.

Più tardi, al distretto, l'atmosfera era cupa. Jack era seduto alla sua scrivania, lo sguardo fisso sul telefono, aspettando notizie dall'ospedale. Eleonor si avvicinò con due tazze di caffè, posandone una davanti a lui.

"Sam è un combattente," disse, cercando di infondergli speranza. "Supererà anche questa."

Jack scosse la testa, fissando la tazza senza toccarla. "È colpa mia, Eleonor. Non dovevo coinvolgerlo così tanto. Non dovevo..."

Eleonor si sedette accanto a lui, guardandolo con serietà. "Sapevi che era rischioso. Lo sa anche Sam. Eppure è sempre lì, accanto a te. Non perché deve, ma perché vuole. Non dimenticarlo."

Il telefono squillò, spezzando il silenzio. Jack lo afferrò con mani tremanti. La voce del medico dall'altra parte era calma ma ferma.

"Il vostro collega è stabile. L'operazione è riuscita, ma avrà bisogno di tempo per riprendersi."

Jack chiuse gli occhi, lasciando andare un lungo sospiro di sollievo. "Grazie, dottore. Grazie mille."

Posando il telefono, guardò Eleonor, il volto rilassato per la prima volta da ore. "Sam ce l'ha fatta."

Eleonor annuì, un lieve sorriso sul volto. "Te l'avevo detto. Ora vai a casa, Jack. Hai bisogno di dormire. Sam non vorrà vederti con quella faccia quando si sveglierà."

Jack si alzò, afferrando la giacca. "Hai ragione. Ma domani vado a trovarlo. E quando si sveglia, la prima cosa che farà sarà sentirmi dirgli che era tutto merito mio."

Eleonor ridacchiò, scuotendo la testa. "Sei un coglione, Jack."

Jack uscì dal distretto, stanco ma sollevato. Sapeva che la battaglia non era finita, ma quella notte, almeno, aveva vinto una guerra personale.

Quella notte, Jack non andò subito a casa. Dopo essersi assicurato che Sam fosse stabile e dopo un rapido passaggio in ospedale per lasciare un biglietto scherzoso – "Ti serve una scusa migliore per saltare il lavoro" – si ritrovò a guidare senza una vera meta. Il suo telefono vibrò improvvisamente sul cruscotto. Un messaggio.

Eleonor "Passa da me. Adesso."

Jack fissò lo schermo per un momento, un sorriso lento che si formava sul suo volto. Accelerò, dirigendosi verso l'appartamento di Eleonor, in un quartiere tranquillo della città. Arrivò pochi minuti dopo, parcheggiò la Mustang e salì i

gradini fino alla porta. Non ebbe nemmeno il tempo di
bussare: Eleonor aprì prima che potesse farlo.

Era vestita semplicemente, una canotta nera e pantaloni
morbidi che mettevano in risalto la sua figura. Il volto di pietra
che mostrava al distretto era scomparso, sostituito da
un'espressione più rilassata, ma con quegli occhi penetranti
che sembravano ancora decifrarlo.

"Jack," disse, il tono un misto di sollievo e tensione repressa.
"Entra."

Lui entrò, chiudendo la porta dietro di sé. Per un attimo, si
guardarono in silenzio, un momento carico di parole non
dette. Alla fine, fu Eleonor a rompere il silenzio.

"Non avresti dovuto correre quel rischio oggi. Sam è stato
ferito, e tu..." Fece un passo verso di lui, il tono duro, ma la
voce si incrinò appena. "Tu mi fai impazzire."

Jack si avvicinò, il sorriso svanito, sostituito da uno sguardo
intenso. "Sai com'è il mio lavoro, Eleonor. Sai com'è la mia
vita. Non sono fatto per stare fermo."

Lei lo guardò, cercando di mantenere la calma, ma il muro che aveva eretto tutto il giorno si sgretolò. "E pensi che io non lo sappia? Pensi che non mi passi per la testa ogni giorno che una di queste volte non tornerai? Oggi ho visto Sam crollare, e ho pensato... cosa succederebbe se fossi tu?"

Jack non rispose. Invece, accorciò la distanza tra loro, prendendole il viso tra le mani. Per un attimo, il mondo sembrò fermarsi. Poi, senza un'altra parola, la baciò.

Il bacio era carico di tensione accumulata, di frustrazione, di desiderio. Eleonor non si tirò indietro, le sue mani si aggrapparono alla giacca di Jack, tirandolo più vicino. Era un momento che avevano evitato troppe volte, relegandolo a poche scintille rubate, ma quella notte non c'erano più freni.

La stanza si riempì di una passione travolgente. Jack lasciò cadere la giacca sul pavimento, e le mani di Eleonor scivolarono sulla sua camicia, sbottonandola con una rapidità che tradiva la sua impazienza. Si mossero verso il divano, incapaci di staccarsi, lasciando che il desiderio li guidasse.

"Jack," sussurrò Eleonor tra un bacio e l'altro, il tono più dolce di quanto lui avesse mai sentito. "Sei l'unica cosa che riesco a sopportare e allo stesso tempo l'unica che mi fa impazzire."

Lui sorrise contro le sue labbra, il respiro irregolare. "È perché siamo fatti della stessa pasta, Micetta."

Quella notte, si lasciarono andare completamente, dimenticando per un momento le responsabilità, il distretto, e il caos delle loro vite. La tensione che li aveva avvicinati per anni finalmente esplose in qualcosa di inevitabile, bollente e inarrestabile.

Quando la città si calmò sotto il manto della notte, Jack e Eleonor giacevano vicini, il respiro ormai tranquillo. Jack la guardò, passando un dito lungo la sua guancia.

"Non ti libererai mai di me, lo sai?" sussurrò con un sorriso.

Eleonor sorrise a sua volta, gli occhi socchiusi. "Speravo lo dicessi."

La mattina seguente, il sole filtrava dalle tende della camera di Eleonor, illuminando la stanza con una luce calda e dorata. Jack si mosse silenziosamente in cucina, raccogliendo quel che trovava: caffè, pane tostato, marmellata e una confezione di succo d'arancia. Non era esattamente una colazione da re, ma ci aveva messo cura.

Con il vassoio tra le mani, entrò in camera. Eleonor era ancora a letto, avvolta nelle coperte, con i capelli spettinati che le cadevano morbidi sul viso. Aprì gli occhi lentamente e lo guardò con un sorriso assonnato.

"Colazione a letto?" mormorò, la voce ancora impastata dal sonno. "Non sapevo che tu fossi così romantico."

Jack appoggiò il vassoio sul comodino e si sedette accanto a lei, con il solito sorriso sornione. "Non abituarti troppo, Micetta. È un'offerta speciale per oggi."

Eleonor rise piano, prendendo la tazza di caffè. Si sistemò meglio tra i cuscini e lo guardò mentre addentava un pezzo di pane tostato. Ma il lavoro, come sempre, non era mai lontano dai loro pensieri.

"Quindi, parliamo di Ravel," iniziò Eleonor, portando il caffè alle labbra. "Abbiamo lui e il suo carico. Le prove ci sono, ma non basta. Se vogliamo smantellare tutto il suo giro, dobbiamo spingerlo a parlare."

Jack annuì, mordicchiando il suo pane tostato. "Ravel non è il tipo da cedere facilmente. Ma ho notato qualcosa ieri sera, quando gli ho puntato la pistola: ha paura di qualcuno. Non di noi, di qualcuno sopra di lui."

Eleonor lo fissò, riflettendo. "Quindi pensi che Ravel non sia il vertice? Ha un capo?"

"Ne sono sicuro," rispose Jack. "E il suo silenzio non è lealtà. È paura. Dobbiamo scoprire chi tira i fili, e dobbiamo farlo in fretta. Ravel non è un uomo stupido. Se sente di essere spacciato, potrebbe trovare un modo per farci a pezzi."

Eleonor si strinse la coperta intorno alle spalle, sorseggiando il caffè. "Se ha paura, dobbiamo usarla contro di lui. Spingerlo a parlare prima che possa reagire."

Jack si chinò verso di lei, con un sorriso complice. "Ecco perché sei il capo, Eleonor. Pensi sempre tre mosse avanti."

Lei ridacchiò, dandogli un leggero colpo sulla spalla. "Non cercare di raggirarmi con i complimenti, Thunder. Sai bene che finiremo con te che prendi una decisione spericolata."

Jack alzò le mani in segno di resa. "Ci conosciamo troppo bene. Ma prima, ci godiamo questa colazione, no? Almeno una mattina senza spari."

Eleonor scosse la testa con un sorriso affettuoso, continuando a mangiare. Entrambi sapevano che il momento di calma era solo una pausa prima del prossimo round. Ma per qualche istante, si concessero il lusso di essere solo due persone, lontane dal caos delle loro vite al distretto.

Jack posò il caffè sul vassoio e si allungò sulla schiena, guardando Eleonor mentre finiva di sorseggiare la sua tazza. La luce del mattino le accarezzava il viso, e per un momento sembrava che il mondo al di fuori della stanza non esistesse. Un sorriso le sfiorò le labbra, come se sapesse già cosa stava per dire.

"Non so te, Micetta," disse Jack, con quel tono calmo e malizioso che lei conosceva fin troppo bene, "ma prima di tornare al distretto, voglio godermi ancora un po' questa giornata. E voglio godermi *te*."

Eleonor posò il caffè e lo guardò con un sopracciglio alzato, fingendo una smorfia severa. "Jack Thunder, non penserai davvero di convincermi a perdere altro tempo, vero? Abbiamo un caso su cui lavorare."

Jack si sollevò sui gomiti, con un sorriso complice. "Abbiamo sempre un caso, Eleonor. È la nostra vita. Ma stanotte... stamattina, è diversa. Non fingere che non la senti."

Eleonor trattenne un sorriso, ma lui poteva vedere che la sua difesa stava crollando. Scosse la testa, avvicinandosi a lui sul letto, gli occhi che si addolcivano. "Sei un coglione, lo sai?"

"Sempre," rispose Jack, afferrandola delicatamente per il polso e attirandola verso di sé.

Lei si lasciò andare, lasciandosi cadere sul suo petto, le mani che scivolavano lungo le sue spalle. Lo baciò, prima con lentezza, poi con una passione crescente. Le ore sembravano svanire, sostituite da un'intimità che entrambi avevano sempre tenuto nascosta, protetta dal caos delle loro vite.

Quando finalmente il tempo li riportò alla realtà, Eleonor si lasciò cadere accanto a lui, il respiro ancora irregolare, e gli diede una leggera spinta sul petto. "Spero tu sia soddisfatto, Thunder. Adesso mi devo vestire in due minuti per arrivare al distretto senza sembrare una che ha dormito mezza giornata."

Jack rise, rotolandosi su un fianco per guardarla. "Completamente soddisfatto. E per la cronaca, sembri perfetta anche dopo aver dormito mezza giornata."

Eleonor lo guardò, scosse la testa con un sorriso e si alzò. "Preparati, Jack. Torniamo al distretto e facciamo cantare Ravel. E promettimi che, per oggi, niente più gesti folli."

Jack si alzò, ancora con quel sorriso stampato sul volto. "Niente promesse, capo. Ma ci proverò."

Mentre entrambi si preparavano, la consapevolezza del caso e delle responsabilità che li attendevano tornò a pesare. Ma per qualche ora, avevano avuto qualcosa di raro: una pausa, un momento di normalità in un mondo che di normale aveva ben poco.

Il sole era ormai alto quando Jack e Eleonor entrarono nel distretto, il solito caos che li accoglieva come un vecchio amico. Sam, dal letto d'ospedale, aveva già fatto sapere di essere sveglio e di voler tornare presto, nonostante le proteste dei medici. Jack sorrise leggendo il messaggio, ma il pensiero di Sam gli ricordò quanto ogni mossa fosse una partita pericolosa.

"Ravel è sotto pressione," disse Eleonor mentre camminavano verso la sala interrogatori. "Se c'è una falla nella sua armatura, oggi dobbiamo trovarla."

Jack annuì, con le mani infilate nelle tasche del cappotto. "Lo faremo parlare. O lo spezziamo, o lo lasciamo pensare che il suo capo lo voglia morto. Funziona sempre."

Eleonor lo guardò di lato. "Thunder, la tua idea di 'persuasione' è sempre al limite. Ricordati che questa volta abbiamo i federali addosso."

"Lo so, Micetta," rispose Jack con un sorriso. "Ma l'assassino torna sempre sul luogo del delitto, no? Se Ravel è il killer, o se il suo capo lo è, troveremo il modo di farli sbagliare."

Nel frattempo, Ravel sedeva nella sala interrogatori, le mani incrociate e gli occhi fissi sul tavolo. Non aveva detto una parola dal momento della cattura, ma il suo volto tradiva qualcosa: tensione, paura. Jack notò subito i dettagli quando entrò nella stanza. Il tic nervoso della sua mano, il modo in cui evitava di guardare lo specchio a due vie. Qualcosa lo tormentava.

"Buongiorno, Ravel," iniziò Jack, sedendosi davanti a lui con un sorriso amichevole. "Hai dormito bene? Sai, c'è una cosa che non mi torna. Sei qui, da solo, eppure hai la faccia di uno che si aspetta una visita."

Ravel non rispose, ma i suoi occhi si mossero appena, un movimento quasi impercettibile verso la porta. Jack lo notò e si sporse in avanti.

"Ah, ho capito," continuò Jack, abbassando il tono della voce. "Non stai aspettando me. Stai aspettando qualcun altro. Qualcuno che magari pensi venga qui a tappare le falle."

Ravel deglutì, il primo segno evidente di una crepa nella sua calma apparente.

"Dai, Ravel," insistette Jack. "L'assassino torna sempre sul luogo del delitto. E chi ti ha messo in questa situazione è l'assassino. Non io. Non Eleonor. Non il distretto. Sai di chi parlo."

Ravel finalmente parlò, la voce un sussurro spezzato. "Non capite... Non è solo me che vogliono morto. Tutto questo... è molto più grande."

Jack incrociò le braccia, il sorriso sparito. "Quanto grande, Ravel? Se vuoi che ti salviamo, è il momento di vuotare il sacco."

Ravel si sporse verso di lui, i suoi occhi carichi di paura. "Non posso. Se parlo, sono morto. Se sto zitto, sono morto. Ma non sono io quello che dovreste temere."

Appena Jack uscì dalla sala interrogatori, trovò Eleonor che lo aspettava con le braccia incrociate. "Sta crollando," disse lui, passandosi una mano tra i capelli. "Ma c'è qualcosa che non quadra. Ha paura di qualcuno che è ancora là fuori."

Eleonor annuì lentamente, il suo volto serio. "Se ha ragione, il suo capo potrebbe essere già un passo avanti. E se davvero l'assassino torna sul luogo del delitto, potremmo avere uno spettatore in mezzo a noi."

Jack si voltò verso il corridoio, i suoi occhi che si stringevano. "Allora è il momento di mettere la scena perfetta. E vedere chi si presenta."

Jack si fermò di colpo, la mente già in movimento. "Eleonor," disse con un tono basso, quasi un sussurro, "hai mai pensato che potrebbe essere qualcuno più vicino di quanto immaginiamo? Qualcuno che conosce ogni mossa, ogni operazione?"

Eleonor lo fissò, la sua espressione fredda come sempre, ma con una scintilla di curiosità nei suoi occhi. "Cosa vuoi dire, Jack?"

Jack si avvicinò, abbassando ulteriormente la voce. "Ravel ha paura di qualcuno. Qualcuno che è in grado di far sparire tutto con uno schiocco di dita. E se quella persona fosse qualcuno che sta sopra di noi?"

Eleonor rimase in silenzio per un attimo, poi incrociò le braccia. "Se stai insinuando ciò che penso, stai attento, Jack. Non possiamo accusare senza prove."

"Non sto accusando nessuno," rispose Jack, con un sorriso sottile ma privo di leggerezza. "Ma pensa a chi ha accesso a tutto. A chi potrebbe orchestrare tutto questo senza che nessuno lo noti. Il capo della polizia. *Il tuo superiore.*"

Eleonor fece un passo indietro, il viso ancora impassibile, ma Jack conosceva quei segnali. Anche lei stava considerando l'ipotesi.

"Il capo Russo?" chiese Eleonor, il nome che suonava come una sfida. "È un poliziotto decorato, una figura rispettata da decenni. Non c'è modo che…"

"Non c'è modo che un uomo così esperto e con così tanto potere possa fare errori," la interruppe Jack. "Proprio per questo nessuno sospetterebbe di lui. Nessuno lo metterebbe in discussione. Ma pensa: come hanno sempre anticipato le nostre mosse? Come hanno coperto così bene le loro tracce? Solo qualcuno con accesso completo potrebbe farlo."

Eleonor serrò la mascella, combattendo contro la possibilità che Jack avesse ragione. "E se fosse vero, come lo dimostriamo? Non possiamo entrare nel suo ufficio con una pistola e un sorriso."

Jack si strinse nelle spalle. "Ci serve Ravel. È lui la chiave. Se Russo è coinvolto, Ravel lo saprà."

Eleonor sospirò, massaggiandosi le tempie. "E se ci sbagliamo? Sai cosa succede se puntiamo al capo e non abbiamo nulla?"

Jack si avvicinò, con una determinazione nei suoi occhi che lei conosceva fin troppo bene. "Non sbagliamo, Eleonor. Non questa volta. Se c'è una possibilità che sia lui, dobbiamo seguirla. Per Sam, per tutti quelli che sono rimasti feriti o peggio a causa di questa rete."

Eleonor si voltò verso il corridoio, il suo volto di pietra. "Preparati, Jack. Se questa teoria è vera, ci stiamo infilando in un inferno. E io non ho intenzione di lasciare che ci bruci vivi."

Jack sorrise, il tipo di sorriso che diceva che era già pronto. "Quando mai l'inferno ci ha fermati?"

La situazione prese una piega ancora più tesa mentre Jack ed Eleonor si immergevano nel caso. Le prove contro Russo erano fragili, basate principalmente sulle paure di Ravel e sui collegamenti indiretti. Eppure, ogni pista sembrava ricondurre al capo della polizia.

Russo era un uomo di potere, un veterano decorato che aveva passato decenni a costruire la sua immagine di integerrimo servitore della legge. Ma sotto quella facciata, Jack intuiva un'intelligenza spietata, capace di manipolare persone e risorse per i propri scopi. Aveva agganci nei posti giusti, politici e giudici pronti a chiudere un occhio, e una rete di connessioni che gli garantivano protezione.

"Dobbiamo muoverci con cautela," disse Eleonor quella sera nel suo ufficio. "Se facciamo anche solo un passo falso, Russo ci distruggerà. Sa come girare le cose a suo favore, e con gli amici che ha, potrebbe farci sparire prima ancora che possiamo accusarlo."

Jack si appoggiò alla scrivania, le mani incrociate davanti a sé. "Lo so, Eleonor. Ma se ci fermiamo, gli stiamo dando campo libero. Ravel è la chiave, lo ripeto. Se riesco a farlo parlare, possiamo collegare Russo direttamente alle operazioni."

Eleonor si alzò dalla sua sedia, fissando Jack con un misto di determinazione e preoccupazione. "Non puoi semplicemente andare lì e sbatterlo contro un muro finché non parla. È troppo pericoloso."

"Non è il mio stile," rispose Jack con un sorrisetto. "Ma sai che sono bravo a far sentire la pressione."

Eleonor scosse la testa, ma sapeva che Jack aveva ragione. "Va bene. Ma fallo con cautela. E ricordati che ogni passo che facciamo ci avvicina al baratro."

***

Quella notte, Jack tornò nella sala interrogatori con Ravel. L'uomo sembrava più agitato del solito, i suoi occhi che saltavano nervosamente tra Jack e il tavolo davanti a sé.

"Sei ancora qui, Ravel," iniziò Jack, facendo scivolare una cartellina sul tavolo. "Sai che il tempo sta per scadere, vero? Quando il tuo capo scoprirà che non stai parlando, diventerai inutile."

"Non capisci," mormorò Ravel, la voce bassa e tesa. "Lui ha occhi dappertutto. Sa cosa sta succedendo qui dentro. Se parlo, non c'è posto dove posso nascondermi."

"Lo so," disse Jack, piegandosi in avanti. "Perché anche io so chi è il tuo capo. Russo. Il grande uomo, il capo della polizia. Ecco perché sei terrorizzato, vero?"

Ravel trasalì appena, un tremore che tradì la verità prima che potesse negarla. "Non... non puoi toccarlo. Non puoi vincere contro di lui. Ha tutto sotto controllo."

"Non se ci aiuti," insistette Jack. "Raccontaci quello che sai. Ogni transazione, ogni ordine. Se collabori, possiamo proteggerti. Ma devi darci qualcosa di concreto."

Ravel si prese il volto tra le mani, combattuto tra la paura e la possibilità di sopravvivere. Dopo un lungo momento, alzò lo sguardo. "C'è un deposito. Nel vecchio quartiere industriale. Non è ufficialmente collegato a Russo, ma tutte le operazioni principali passano da lì. È lì che devi guardare."

Jack annuì lentamente, la soddisfazione appena visibile nel suo sguardo. "Bene. E adesso?"

Ravel fece una smorfia. "Adesso spera che lui non lo scopra. Perché se lo fa, sei morto quanto me."

Il mattino seguente, Eleonor convocò una riunione con i suoi agenti più fidati. "Abbiamo un possibile collegamento," disse, mostrando la mappa del deposito. "Ma dobbiamo essere veloci e discreti. Russo potrebbe scoprire la nostra mossa e insabbiare tutto."

Jack si alzò dalla sedia, il volto determinato. "Lo prendiamo sul fatto, Eleonor. Ma dobbiamo giocare la partita con astuzia. Se Russo è davvero così potente, potrebbe già sapere che siamo sulle sue tracce."

Eleonor annuì. "Allora facciamolo. Ma ricorda, Jack: se qualcosa va storto, nessuno ci tirerà fuori da questa merda."

Jack e la squadra misero in atto un piano meticoloso per infiltrarsi nel deposito indicato da Ravel. Il vecchio quartiere industriale era un dedalo di magazzini e fabbriche abbandonate, un luogo perfetto per nascondere qualcosa di grande. E Jack era sicuro che Russo avesse scelto quel posto proprio per la sua discrezione.

***

La notte dell'operazione, Jack e Eleonor guidarono la squadra nel deposito. Cresta e la SWAT si occuparono di garantire la sicurezza del perimetro, mentre Jack e un piccolo team entrarono furtivamente. I loro passi erano silenziosi, e l'unico suono che si sentiva era il leggero cigolio delle porte arrugginite.

"Se Ravel non ci ha mentito," sussurrò Jack, "dovremmo trovare un bel tesoro qui dentro."

Avanzarono tra scatoloni e casse di metallo fino a raggiungere una stanza blindata. La porta era pesante, ma con qualche strumento e un po' di fortuna, riuscirono ad aprirla. Dentro, trovarono esattamente quello che cercavano: pile di contanti impacchettati in mazzi ordinati, accatastati su scaffali e tavoli.

"Ecco qui," mormorò Jack, con un sorrisetto compiaciuto. "L'ossigeno dell'organizzazione di Russo."

Eleonor entrò subito in azione, scattando foto e catalogando tutto per usarlo come prova. "Questo non è solo denaro sporco," disse. "È il fulcro delle sue operazioni. Senza questo, tutto il suo impero crolla."

Jack fece un cenno agli altri agenti. "Portiamo via tutto. Ogni singolo centesimo."

Gli agenti caricarono rapidamente il denaro nei veicoli, lasciando il magazzino vuoto. Jack sapeva che quella mossa avrebbe fatto impazzire Russo, ma era esattamente quello che voleva: costringerlo a fare un passo falso.

Il giorno dopo, il distretto era in fermento. Jack e Eleonor ricevettero conferma che Russo aveva scoperto il furto. Le sue mosse erano state rapide e rabbiose: aveva ordinato perquisizioni improvvisate nei distretti vicini, cercando di localizzare il denaro, e aveva messo pressione su alcuni dei suoi contatti per trovare i responsabili.

"Sta perdendo la testa," disse Eleonor, osservando i rapporti. "Non è abituato a essere messo alle strette."

"Esattamente ciò che speravamo," rispose Jack, con un sorriso compiaciuto. "Più si arrabbia, più diventa imprudente."

E Russo non deluse. Nel tentativo di riprendersi il controllo, ordinò un incontro con alcuni dei suoi alleati più fidati, pianificato in un ristorante privato nel centro città. Quella riunione era l'occasione che Jack e Eleonor aspettavano.

Quella sera, Jack e il suo team si appostarono vicino al ristorante. Con l'aiuto della SWAT e della sorveglianza, avevano trasformato l'intero quartiere in una trappola. Russo e i suoi uomini entrarono, ignari che ogni loro movimento fosse monitorato.

"Allora, Jack," disse Eleonor attraverso la radio. "Questa è la tua occasione. Prendiamolo."

Jack sorrise, aggiustandosi il giubbotto antiproiettile. "Con piacere, Micetta."

Quando l'operazione scattò, fu rapida e precisa. La SWAT irruppe nel ristorante, immobilizzando gli uomini di Russo. Jack entrò subito dopo, trovandolo seduto al tavolo, apparentemente calmo, ma con uno sguardo furente.

"Jack Thunder," disse Russo, con un sorriso gelido. "Tu devi essere il pazzo che ha deciso di rovinarmi la giornata."

"Solo una delle mie tante qualità," rispose Jack, puntando la pistola verso di lui. "Alzati, Russo. Il tuo regno è finito."

Russo si alzò lentamente, sollevando le mani. "Hai idea di quanti agganci ho? Di quante persone faranno cadere questo caso prima ancora che arrivi in tribunale?"

"Probabile," rispose Jack, con un sorriso. "Ma senza soldi e senza alleati, sei solo un vecchio con un pessimo carattere."

Russo si lasciò ammanettare, ma i suoi occhi promettevano vendetta. Mentre veniva portato via, Eleonor si avvicinò a Jack, il volto serio.

"Abbiamo vinto una battaglia," disse. "Ma questa guerra non è finita."

Jack annuì, guardando Russo che veniva caricato su una volante. "No, non è finita. Ma per ora, abbiamo tolto il re dalla scacchiera."

Il giorno dopo

La notizia arrivò al distretto con la forza di una bomba: Russo era morto in carcere.

Jack stava sorseggiando il suo caffè quando Eleonor entrò nel suo ufficio con un'espressione che univa rabbia e preoccupazione. Aveva in mano una cartellina, che gettò sulla scrivania davanti a lui.

"Russo è morto," disse bruscamente.

Jack la fissò, il caffè a mezz'aria. "Come? Quando?"

"Questa mattina presto," rispose Eleonor, massaggiandosi le tempie. "Dicono che si sia impiccato nella sua cella. Apparente suicidio."

Jack scosse la testa, posando lentamente la tazza. "Russo non era il tipo da togliersi la vita. Troppo orgoglio, troppa arroganza. Questo puzza di omicidio."

Eleonor annuì, con il volto teso. "Esattamente quello che penso. Ma la scena è stata allestita bene. Le telecamere della zona sono 'misteriosamente' fuori uso, e i secondini non hanno visto niente."

Jack si appoggiò allo schienale della sedia, le mani intrecciate dietro la testa. "L'ultima volta che l'ho visto, Russo era furioso. Ha accennato a persone sopra di lui, gente che non avrebbe mai lasciato che questo caso esplodesse. Forse ha detto troppo, e qualcuno ha deciso di zittirlo."

"Ma chi?" chiese Eleonor, incrociando le braccia. "E perché farlo sembrare un suicidio? Era già in arresto. Non sarebbe andato lontano."

Jack rifletté, la mente che si affollava di possibilità. "Se c'è qualcuno sopra Russo, qualcuno con abbastanza potere da gestire un'organizzazione di questa portata, allora quel qualcuno ha tutto l'interesse a coprire le proprie tracce. Eliminare Russo è un messaggio, Eleonor. Per noi e per chiunque altro pensi di parlare."

L'autopsia

Più tardi, Jack e Eleonor si incontrarono con il medico legale, il dottor Carter, che aveva completato l'autopsia di Russo. Era un uomo anziano, con il volto segnato da anni di lavoro, ma i suoi occhi tradivano un'intelligenza vigile.

"Ufficialmente, il rapporto dirà suicidio," disse Carter, posando la cartellina davanti a loro. "Ma guardate qui."

Indicò alcune foto scattate durante l'autopsia. Sul collo di Russo c'erano segni di strangolamento, ma non combaciavano perfettamente con l'idea di una corda. La larghezza e la pressione sembravano più compatibili con delle mani o un oggetto stretto e rigido.

"Inoltre," continuò Carter, "ha subito un trauma cranico poco prima della morte. Un colpo che potrebbe averlo stordito. Non mi convince come suicidio. Non completamente."

Jack fissò le foto, poi guardò Eleonor. "Qualcuno è entrato nella sua cella. L'ha fatto sembrare un suicidio per evitare domande."

Eleonor annuì lentamente, il volto scuro. "Questo significa che c'è qualcuno con accesso alla prigione. O qualcuno che ha fatto pressione sulle guardie. Non siamo solo contro un'organizzazione criminale. Siamo contro un sistema corrotto."

Il misterioso burattinaio

Al distretto, Jack e Eleonor iniziarono a ricostruire l'ultimo giorno di Russo. I registri delle visite in prigione mostravano un nome sospetto: **Harold Kane**, un imprenditore noto per avere agganci nella politica e nei tribunali.

"Kane," disse Eleonor, battendo il dito sul nome. "È uno degli uomini più potenti della città. Ufficialmente, gestisce fondi per campagne elettorali e beneficenza. Ufficiosamente... è legato a una lunga lista di scandali insabbiati."

"Se Kane è coinvolto," aggiunse Jack, "allora Russo non era che un intermediario. E se ha deciso di farlo uccidere, significa che è nervoso. Sta cercando di coprire le sue tracce."

"Come facciamo a incastrarlo?" chiese Eleonor. "Uno come Kane ha risorse infinite. Non possiamo entrare frontalmente."

Jack si appoggiò al tavolo, il sorriso che tornava lentamente sul suo volto. "No, ma possiamo fare quello che riesce meglio a noi. Lo facciamo venire allo scoperto. Se è abbastanza furbo da orchestrare tutto questo, è anche abbastanza arrogante da sottovalutarci."

La morte di Russo aveva aperto una porta. Ma Jack e Eleonor sapevano che, oltre quella soglia, c'era una rete ancora più intricata di potere e corruzione. Harold Kane era il prossimo bersaglio. Ma scoprire chi tirava davvero i fili sarebbe stato il passo più pericoloso di tutti.

L'intreccio si complica

Jack e Eleonor passarono il giorno successivo scavando nei legami di Harold Kane, e il quadro che emerse fu più oscuro di quanto avessero immaginato. Non era solo un uomo potente: Kane era il maggior finanziatore della campagna del governatore **William Jacobs**, una figura politica nota per la sua facciata carismatica e il suo discorso sulla "tolleranza zero contro il crimine."

"Questo cambia tutto," disse Eleonor, sfogliando un dossier. "Se Kane è il burattinaio dietro Russo, allora Jacobs potrebbe essere direttamente o indirettamente coinvolto. E con le elezioni alle porte, far scoppiare uno scandalo di questa portata sarebbe devastante."

Jack fissò il nome di Jacobs, le dita che tamburellavano sulla scrivania. "Jacobs è il volto pubblico. Se Kane lo sostiene, allora usa la sua campagna per mascherare le sue operazioni. Potrebbero far passare il nostro caso come una caccia alle streghe contro un'icona politica."

Eleonor si sedette accanto a lui, il volto teso. "Dobbiamo muoverci con attenzione. Una mossa sbagliata, e ci troveremo contro l'intero sistema."

"Non c'è altro modo," rispose Jack, alzandosi. "Se Kane è la mente dietro tutto, allora Jacobs è la sua pedina più importante. E se Jacobs scopre che siamo sulle loro tracce, potrebbero chiudere tutto prima che possiamo fermarli."

Una soffiata inaspettata

Quella sera, Jack ricevette una chiamata anonima sul telefono personale. Una voce distorta, fredda e decisa, gli diede un messaggio chiaro.

"Non sei il solo a voler vedere Kane cadere. Segui i soldi. Jacobs non è innocente come sembra. Controlla la sua fondazione."

Prima che Jack potesse rispondere, la linea si interruppe. Confuso ma incuriosito, si affrettò a raccontare tutto a Eleonor.

"Una fondazione?" ripeté lei, aprendo il suo laptop. "Jacobs gestisce la *New Dawn Foundation*, un'organizzazione che sostiene programmi per giovani e iniziative contro il crimine."

Jack annuì lentamente. "E se fosse una copertura? La fondazione potrebbe essere usata per riciclare denaro sporco o finanziare le operazioni di Kane."

"Se è così, dobbiamo provarlo," rispose Eleonor, iniziando a cercare informazioni. "Ma attaccare Jacobs direttamente potrebbe attirare l'attenzione su di noi. Kane ha risorse per proteggerlo."

"Non se giochiamo d'anticipo," disse Jack con un sorriso. "Se riusciamo a ottenere prove senza far sapere a Kane che siamo sulle sue tracce, possiamo tagliargli le gambe prima che reagisca."

Un incontro al club privato di Kane

Le loro indagini portarono a una scoperta importante: Kane aveva organizzato un incontro privato con i suoi soci più stretti presso un esclusivo club in città. Tra gli ospiti figurava anche un assistente del governatore Jacobs.

"Questo è il nostro momento," disse Jack. "Se riusciamo a infiltrare qualcuno al club, potremmo ottenere informazioni dirette."

"Non possiamo rischiare troppo," ribatté Eleonor. "Ma abbiamo bisogno di un'ombra, qualcuno che ascolti senza essere visto."

Jack alzò un sopracciglio. "Vuoi che mi metta lo smoking? Non ti sapevo fan di James Bond."

"Più come un agente sotto copertura con il tuo solito stile da casinista," rispose Eleonor, sorridendo appena. "Ma questa volta, segui il piano. Niente eroi solitari."

Dentro il covo del nemico

Quella notte, Jack si infilò nell'elegante club privato. Tra i corridoi rivestiti di legno e i camerieri impeccabili, si sentiva quasi fuori posto. Ma la sua attenzione era tutta sull'obiettivo: Kane e il suo entourage.

Da un angolo del bar, ascoltò i frammenti di conversazione. Kane parlava con un uomo che sembrava molto agitato.

"Non possiamo permetterci errori," disse Kane, la voce bassa ma tagliente. "Jacobs deve restare pulito. Se questi poliziotti continuano a scavare, potrebbero rovinare tutto."

"E se qualcuno parlasse?" chiese l'altro uomo.

Kane sorrise freddamente. "Allora faremo ciò che è necessario. Come con Russo."

Jack sentì il sangue gelarsi nelle vene. Aveva la conferma: Kane aveva ordinato l'omicidio di Russo per proteggere Jacobs e la loro rete. Era la prova che cercavano, ma non poteva andarsene subito. Aveva bisogno di qualcosa di più concreto.

Mentre Kane continuava a parlare, Jack notò l'assistente di Jacobs che passava un dossier al suo capo. Kane lo aprì, annuendo. "Perfetto. Le transazioni sembrano pulite. La fondazione non darà problemi."

Era quello. La fondazione era il punto centrale.

La fuga

Proprio mentre Jack si stava allontanando per uscire, uno degli uomini di Kane lo notò. "Ehi, tu! Che ci fai qui?"

Jack maledisse tra i denti e accelerò il passo, cercando l'uscita. La tensione aumentava, e gli uomini di Kane lo inseguivano. Quando finalmente uscì dal club, Eleonor lo aspettava in auto.

"Guida, Eleonor!" gridò Jack, saltando sul sedile passeggero.

Eleonor schiacciò l'acceleratore, e l'auto sfrecciò nella notte. "Dimmi che ne è valsa la pena!"

"Più di quanto immagini," rispose Jack, con il cuore che batteva ancora forte. "Abbiamo tutto ciò che ci serve. Kane, la fondazione, Jacobs. Ora possiamo colpirli."

Eleonor sorrise appena, gli occhi fissi sulla strada. "Preparati, Thunder. La battaglia sta per diventare molto più grande."

Dopo la fuga rocambolesca dal club di Kane, Eleonor guidò verso casa sua senza dire una parola. Jack, seduto accanto a lei, sapeva che il silenzio era solo la calma prima di una tempesta. Il loro rapporto era così: una miscela esplosiva di tensione, passione, e quella comprensione silenziosa che li legava da anni.

Quando arrivarono, Eleonor aprì la porta e si diresse dritta verso il salotto. Jack la seguì, osservandola con attenzione. "Micetta, hai intenzione di lanciarmi un altro dei tuoi discorsi motivazionali, o posso sedermi e rilassarmi?"

Eleonor si voltò, con un sorrisetto divertito. "Siediti, Thunder. Ma non pensare nemmeno per un secondo che ti stia lasciando libero di fare come ti pare."

Jack si lasciò cadere sul divano, allungandosi come se fosse a casa sua. "Sai, dopo aver rischiato la pelle con gli uomini di Kane e aver scoperto che Jacobs è più marcio di quanto pensassimo, penso di essermelo guadagnato."

Eleonor tornò con due bicchieri di vino e gliene passò uno. "Hai ragione," disse, sedendosi accanto a lui. "Ma questo non significa che possiamo abbassare la guardia. Kane e Jacobs non si fermeranno, e ora sanno che stiamo arrivando."

Jack sorseggiò il vino, osservandola con il suo solito sorriso sornione. "Quindi la tua idea di 'rilassarci' è parlare di strategie e di come possiamo far saltare in aria un'intera organizzazione criminale?"

Eleonor gli lanciò un'occhiata che mescolava affetto e esasperazione. "Sai benissimo che non sono brava a staccare."

Jack posò il bicchiere e si sporse verso di lei. "Allora lasciati aiutare."

La tensione che li aveva seguiti per tutta la serata si trasformò in qualcosa di più dolce, più intimo. Eleonor non resistette quando Jack la prese delicatamente per la mano, portandola a sedersi più vicino. I suoi occhi incontrarono i suoi, e per un momento, tutto il resto svanì.

"Jack," mormorò lei, ma lui le mise un dito sulle labbra.

"Niente discorsi, Eleonor. Solo noi."

La baciò, e stavolta non c'era bisogno di frenarsi. Il bacio era lento, intenso, carico di tutto quello che avevano cercato di ignorare tra un caso e l'altro. Eleonor si lasciò andare, permettendosi di dimenticare per un attimo il peso del loro lavoro.

La notte si trasformò in un momento di tregua, un attimo rubato al caos delle loro vite. Per una volta, non erano il detective Thunder e il capo Black, ma semplicemente Jack ed Eleonor, due persone che si capivano più di quanto osassero ammettere.

Quando la notte avanzò, Jack si ritrovò steso sul divano, con Eleonor accanto a lui, la sua testa appoggiata sul suo petto. Le loro mani intrecciate, mentre il mondo esterno sembrava lontano.

"Domani si torna a combattere," disse Eleonor, la voce bassa e rassicurante.

"Domani," rispose Jack, baciandole la fronte. "Ma per stanotte, ci siamo solo noi."

Jack e Eleonor rimasero lì, avvolti in un silenzio che non aveva bisogno di essere riempito. Le luci soffuse del salotto creavano un'atmosfera di calma, un contrasto netto con la tempesta che imperversava fuori dalle loro vite. Jack osservò il soffitto, le dita che tracciavano distrattamente linee invisibili sulla schiena di Eleonor, mentre il respiro regolare di lei lo ancorava al momento presente.

"Dopotutto," disse Jack, rompendo il silenzio con un tono pensieroso, "la vita è fatta di momenti, no? E ogni momento è unico. Non tornerà mai più. L'universo intero può collassare e ricostruirsi, ma questo... questo non lo replichi."

Eleonor sorrise, senza alzare lo sguardo dal suo petto. "Ti senti un filosofo stasera, Thunder?"

"Forse sì," rispose lui con un sorriso. "O forse sto solo capendo che, tra una corsa folle e l'altra, è questo che ci tiene sani. Fermarsi. Sentire il momento. Goderselo."

Lei sollevò il viso, i suoi occhi che si incontrarono con quelli di Jack. "Hai ragione," disse piano. "Ogni giorno ci mettiamo in pericolo, rischiamo tutto per un'idea, per una giustizia che a volte sembra così fragile. Ma se non troviamo senso in questi momenti, allora cos'è che ci spinge avanti?"

Jack annuì, avvolgendola con il braccio. "È questo il punto, Eleonor. Il qui e ora. Il modo in cui respiri quando sei rilassata, il suono della tua risata quando pensi che non stia ascoltando. Sono queste piccole cose che ci ricaricano, che danno un senso al caos."

Lei rise piano, scuotendo la testa. "Sei incredibile, lo sai? Per anni mi sono chiesta come facessi a mantenere la calma nel mezzo dell'inferno. Ora capisco: hai trovato un modo per goderti l'attimo, anche quando tutto va a pezzi."

Jack la guardò con affetto, accarezzandole il viso. "E tu, Micetta, hai trovato un modo per mantenere tutto insieme, anche quando il peso sembra insostenibile. Sei il cuore pulsante di tutto questo, e non ti rendi nemmeno conto di quanto vali."

Eleonor arrossì appena, un gesto raro per lei, e si strinse di più a Jack. "Promettimi una cosa, Jack. Qualunque cosa succeda domani, qualunque battaglia ci attenda, non dimentichiamo mai di prenderci momenti come questo."

Jack sorrise, posandole un bacio sulla fronte. "Promesso. Domani possiamo tornare a essere i guerrieri che il mondo vuole. Ma stanotte siamo solo noi."

Rimasero così, avvolti nel silenzio e nella reciproca presenza, godendosi quel momento unico, consapevoli che era irripetibile. La loro battaglia non era finita, ma per quella notte, avevano trovato un'oasi di pace in mezzo al deserto della loro lotta. E in quell'attimo, il caos sembrava lontano anni luce.

La mattina seguente

Il sole si era appena alzato, illuminando la città con una luce brillante, ma il distretto di polizia era già immerso nel caos. Jack e Eleonor arrivarono insieme, dopo essersi concessi un breve sorriso complice prima di varcare le porte. Tuttavia, l'atmosfera nel distretto era tesa, più del solito.

"Jack Thunder," annunciò Sam, che era tornato al lavoro nonostante la ferita. Era appoggiato alla sua scrivania con un'espressione stanca ma vigile. "Stai per diventare la persona più odiata dallo stato."

"Buongiorno anche a te, Samuele," rispose Jack, togliendosi il cappotto e lanciandolo sulla sedia. "Cosa sta succedendo?"

Sam gettò un fascicolo sul tavolo. "Il governatore Jacobs ha appena convocato una conferenza stampa. Sta negando ogni connessione con Kane e minacciando di chiedere un'indagine interna su di te per abuso di potere."

Jack fece un fischio. "Wow. Non pensavo che mi avrebbe dichiarato guerra così apertamente. Deve essere davvero nervoso."

Eleonor arrivò con il telefono in mano e un'espressione ancora più preoccupata. "Non è solo una dichiarazione di guerra, Jack. Il governatore ha chiesto al capo della polizia provvisorio di sospenderti."

Jack si fermò di colpo, lanciando un'occhiata seria a Eleonor. "Russo era il capo della polizia. Chi hanno messo al suo posto?"

Eleonor scosse la testa. "Uno dei suoi uomini, un certo **Harrison Coyle**. È sempre stato vicino a Jacobs. Probabilmente sta seguendo i suoi ordini."

Jack si sedette, incrociando le braccia. "Quindi ora non solo il governatore vuole la mia testa, ma ha piazzato una pedina nel dipartimento per rendermi la vita ancora più difficile."

"Non sei sospeso ancora," intervenne Sam, sedendosi accanto. "Ma è solo questione di tempo prima che trovino un motivo per farlo."

Il contrattacco di Jack ed Eleonor

Jack ed Eleonor si rifugiarono nel suo ufficio per elaborare un piano. Non potevano permettere che Jacobs e Kane avessero il controllo totale della narrativa.

"Abbiamo bisogno di qualcosa di concreto," disse Eleonor, sedendosi dietro la scrivania. "Qualcosa che li costringa sulla difensiva, che li metta in difficoltà prima che possano insabbiare tutto."

Jack pensò per un momento, poi il suo volto si illuminò. "Kane ha detto che tutte le transazioni erano 'pulite'. Questo significa che hanno un sistema per riciclare denaro attraverso la fondazione di Jacobs. Se troviamo le prove di quel sistema, possiamo mettere Jacobs in una posizione in cui nemmeno i suoi agganci possono proteggerlo."

Eleonor annuì lentamente. "Dobbiamo andare oltre i registri pubblici della fondazione. Ci servono le transazioni nascoste, quelle che collegano Kane e Jacobs."

"E dove troviamo qualcosa del genere?" chiese Sam, che aveva ascoltato dalla porta.

"Nel loro stesso covo," rispose Jack, con un sorriso. "La fondazione ha un ufficio centrale. Ci serviamo di un mandato e prendiamo tutto. Computer, registri, qualunque cosa."

Eleonor lo guardò scettica. "E pensi davvero che ci lasceranno passeggiare dentro e prendere tutto senza opporre resistenza?"

"No," rispose Jack. "Ma non possono fermarci se agiamo velocemente."

L'irruzione alla fondazione

Quella sera, Jack, Eleonor e una squadra scelta fecero irruzione nell'ufficio centrale della *New Dawn Foundation*. I documenti e i computer che recuperarono raccontavano una storia chiara: denaro che passava attraverso la fondazione e finiva in conti offshore, collegati a operazioni illegali gestite da Kane.

"Ecco qui," disse Eleonor, osservando i file. "Jacobs potrebbe negare tutto, ma questi movimenti non mentono. È coinvolto fino al collo."

Mentre raccoglievano le prove, Jack trovò un file criptato in uno dei computer. Lo trasferì su una chiavetta USB e lo porse a Sam. "Portalo al distretto. Voglio sapere cosa nasconde questo file."

La vendetta di Jacobs

La mattina seguente, la notizia dell'irruzione alla fondazione era ovunque. Jacobs si presentò davanti alle telecamere, accusando Jack ed Eleonor di abuso di potere e orchestrando un'indagine contro il governatore per motivi personali.

"Questi atti di polizia deviata devono finire," dichiarò Jacobs con tono fermo. "Non permetterò che una manciata di agenti corrotti infanghi il mio nome e il lavoro della mia amministrazione."

Jack guardò la conferenza stampa dalla sala del distretto, il volto impassibile. "Sta spingendo troppo," disse piano. "E quando le persone spingono troppo, cadono."

Eleonor si avvicinò, posandogli una mano sulla spalla. "Hai ragione, Jack. Ma dobbiamo muoverci rapidamente. Jacobs sta cercando di guadagnare tempo per coprire le sue tracce."

Jack sorrise appena, lo sguardo fisso sullo schermo. "Abbiamo quello che ci serve, Eleonor. È ora di dare il colpo finale."

La trappola per Jacobs

Jack ed Eleonor sapevano che non potevano più muoversi dietro le quinte. Jacobs era un maestro della manipolazione pubblica e stava usando la sua posizione per dipingerli come agenti corrotti. L'unico modo per fermarlo era smascherarlo di fronte al pubblico, davanti a quegli stessi giornalisti che lo stavano aiutando a costruire la sua difesa.

"Se Jacobs vive di apparenze," disse Jack mentre pianificavano, "allora dobbiamo distruggerle. Deve fare un passo falso, in diretta."

Eleonor lo guardò, valutando le sue parole. "E come pensi di costringerlo a farlo?"

"Lo facciamo sentire al sicuro," rispose Jack con un sorriso compiaciuto. "Gli lasciamo credere che ha vinto, che siamo in trappola. Poi, quando abbassa la guardia... gli mostriamo le nostre carte."

La conferenza stampa

Il giorno della conferenza stampa era arrivato. Jacobs aveva organizzato un grande evento nel centro della città, invitando giornalisti, alleati politici e sostenitori per difendere la sua immagine e ribaltare il caso contro Jack ed Eleonor. Il palco era allestito con bandiere e striscioni che urlavano "Integrità e Giustizia," un chiaro tentativo di mantenere il controllo della narrativa.

Jack ed Eleonor erano tra il pubblico, nascosti in bella vista. Sam, con una chiavetta USB stretta in mano, era posizionato vicino al banco dei tecnici, pronto a caricare il file crittografato che avevano decifrato la notte precedente.

Jacobs salì sul palco con il suo solito sorriso sicuro. La folla applaudì mentre lui iniziava a parlare.

"Negli ultimi giorni, sono stato vittima di un'ingiustizia senza precedenti," iniziò, la sua voce carica di emozione. "Agenti fuori controllo, mossi da interessi personali, hanno attaccato me e la mia amministrazione con accuse false e senza fondamento. Oggi sono qui per dimostrare la verità."

Jack si inclinò verso Eleonor, bisbigliando: "Si sta scavando la fossa da solo."

"Non sbagliare il momento," rispose lei, con lo sguardo fisso sul palco.

Jacobs continuava a parlare, spiegando come la *New Dawn Foundation* fosse un'organizzazione impeccabile e come ogni accusa fosse parte di un "tentativo disperato di rovinare la sua carriera politica."

Fu allora che Jack si alzò, interrompendo il discorso.

"Scusa, governatore," disse, la voce alta abbastanza da attirare l'attenzione di tutti. "Ma vorrei chiederti qualcosa."

Jacobs si fermò, lo sguardo pieno di finta sorpresa e disprezzo. "Ah, ecco il detective Thunder. L'uomo che ha orchestrato tutto questo caos. Hai qualcosa da dire?"

Jack sorrise, avvicinandosi lentamente al palco. "Solo una domanda. Vuoi davvero continuare a mentire, sapendo che abbiamo tutte le prove contro di te?"

La folla mormorò, e i giornalisti iniziarono a puntare telecamere e microfoni verso Jack.

"Prove?" Jacobs rise con tono sarcastico. "L'unica cosa che hai sono accuse infondate. Questo è un chiaro abuso di potere."

Jack fece un segno a Sam, che immediatamente caricò il file crittografato sui monitor del palco. In un istante, gli schermi iniziarono a mostrare transazioni finanziarie sospette, email incriminanti e collegamenti diretti tra Jacobs, Kane e i conti offshore della fondazione.

"E queste?" chiese Jack, indicando gli schermi. "Tutte inventate? È così che gestisci una fondazione, governatore? Riciclando denaro sporco per finanziare operazioni criminali?"

Jacobs impallidì, la sua sicurezza svanita. La folla mormorava più forte, e i giornalisti si accalcavano per catturare ogni dettaglio.

"Non è possibile..." mormorò Jacobs, incapace di guardare i dati. Poi, nel panico, fece un passo falso: "Questi file sono stati rubati! Questa è una violazione della privacy, un atto illegale!"

Jack sorrise freddamente. "Quindi sono veri?"

Jacobs si bloccò, rendendosi conto troppo tardi del suo errore. Eleonor prese la parola, avvicinandosi al palco con il distintivo in vista.

"William Jacobs, sei in arresto per corruzione, associazione a delinquere e ostruzione alla giustizia," annunciò con voce ferma. "Hai il diritto di rimanere in silenzio. Ogni cosa che dirai potrà essere usata contro di te in tribunale."

La folla esplose in un misto di shock e caos mentre gli agenti ammanettavano Jacobs.

Il giorno dopo

Il distretto era più tranquillo del solito. La caduta di Jacobs e l'arresto di Kane avevano fatto notizia, e Jack ed Eleonor si trovarono sommersi da richieste di interviste e congratulazioni.

"Non male, Thunder," disse Eleonor, sedendosi sulla scrivania di Jack con un sorriso. "Ma non ti montare la testa."

"Non ci penso nemmeno, Micetta," rispose Jack con un ghigno. "Ma devo ammettere che vedere quel bastardo ammanettato davanti a tutte quelle telecamere... è stato il momento più bello della mia settimana."

Eleonor rise, scuotendo la testa. "Goditelo, Jack. Te lo sei guadagnato."

Il Distretto: Sam e il sogno di Acapulco

Mentre il distretto si rilassava dopo giorni di tensione, Sam, con una vistosa fasciatura sul fianco e un'espressione che trasudava soddisfazione, si avvicinò alla scrivania di Jack. Con un sorriso largo e un foglio in mano, fece un gesto teatrale.

"Allora, Thunder, direi che è il momento perfetto per una meritata settimana di ferie," annunciò. "Sai dove mi vedo tra tre giorni? Sotto una palma, con un margarita in mano, ad Acapulco."

Jack lo guardò con una smorfia divertita. "Samuele, se ti concedo una settimana di ferie, chi mi farà da scudo umano durante i miei inseguimenti spericolati?"

Sam rise, lanciando il modulo per le ferie sulla scrivania di Jack. "Trovati un altro povero disgraziato, amico. Ho sopportato abbastanza adrenalina per quest'anno. Eleonor ha già detto sì. Ora devi solo firmare."

Jack prese la penna con un'espressione finta sofferente, ma firmò il foglio senza protestare. "Va bene, Sam. Ma se non mi porti un souvenir decente, giuro che ti faccio un turno di notte senza fine al tuo ritorno."

Sam afferrò il modulo, lo sventolò come un trofeo e si allontanò ridacchiando. "Non contare sul souvenir, Thunder. Acapulco mi aspetta."

La serata di Jack ed Eleonor

Quella sera, la città sembrava più calma del solito. Dopo giorni di caos, Jack ed Eleonor si trovarono di nuovo insieme, ma stavolta nella tranquillità della casa di lei. Eleonor aveva preparato una bottiglia di vino, un riconoscimento simbolico alla loro vittoria contro Jacobs e Kane.

Seduti sul letto, con il televisore acceso su un notiziario che raccontava i dettagli del caso appena risolto, i due si scambiarono uno sguardo complice. Le immagini di Jacobs ammanettato e di Kane scortato in prigione scorrevano sullo schermo, un ricordo fresco e soddisfacente.

"Direi che ce la siamo meritata," disse Jack, sollevando il bicchiere di vino. "A Jacobs, che ci ha fatto il favore di scavarsi la fossa da solo."

Eleonor sorrise, alzando il suo bicchiere. "E a noi, che siamo sopravvissuti al caos e ne siamo usciti vincitori. Anche se, con te, Thunder, è sempre una questione di fortuna."

Jack rise, prendendo un sorso di vino. "Sì, ma ammettilo: non ti annoi mai con me."

Lei lo guardò, scuotendo la testa con affetto. "No, Jack. Non mi annoio mai. Ma ogni tanto sogno una vita più semplice."

Jack si avvicinò leggermente, il sorriso che si addolciva. "Semplice non fa per noi, Micetta. Ma una vita con momenti come questi... sì, penso che possiamo sopportare il resto."

Eleonor appoggiò il bicchiere sul comodino e si lasciò scivolare accanto a lui, guardando il televisore. "Sai, Thunder, ogni volta che il caos finisce, penso che potrebbe essere l'ultima volta che ci troviamo qui. Eppure eccoci ancora."

"E ci saremo sempre," rispose lui, posando il bicchiere e stringendola. "Qualunque cosa ci aspetti, qualunque altra battaglia... brinderemo di nuovo, proprio qui."

La notte avanzava, e i due restarono lì, godendosi la tranquillità rara e preziosa. La battaglia era vinta, ma per loro, la cosa più importante era che avevano ancora l'uno l'altra e la certezza di poter affrontare qualsiasi cosa insieme.

Una mattina inquieta

La serenità della vittoria fu di breve durata. Due giorni dopo la caduta di Jacobs, il distretto ricevette una chiamata che fece rabbrividire Eleonor e Jack: un agente della squadra che aveva lavorato al caso contro Jacobs era stato trovato morto nel suo appartamento. Apparente suicidio.

Jack stava sorseggiando il suo solito caffè quando Eleonor entrò nel suo ufficio con un fascicolo e un'espressione che parlava più di mille parole.

"Non ci siamo liberati di tutto, Jack," disse, posando il fascicolo sulla scrivania. "Brennan, uno dei nostri. Trovato morto questa mattina."

Jack si alzò di scatto, il caffè dimenticato. "Brennan? Era uno dei pochi che sapevano tutto sui dettagli del caso contro Jacobs."

Eleonor annuì, incrociando le braccia. "Il rapporto preliminare dice suicidio. Ma il modus operandi... è inquietantemente simile a quello di Russo."

Jack aprì il fascicolo e osservò le foto. I segni sul collo, l'apparente mancanza di lotta. "Non è un suicidio," disse piano. "Questo è un messaggio. Chiunque sia il vero burattinaio, non ha finito con noi."

Eleonor annuì. "E non si fermerà qui. Il problema è che non sappiamo chi sia."

Jack chiuse il fascicolo con un colpo secco. "C'è una regola non scritta, Micetta. L'assassino torna sempre sul luogo del delitto. E se il burattinaio ha bisogno di chiudere tutte le falle, tornerà anche qui. È solo questione di tempo."

Un'ombra tra loro

Mentre il distretto si occupava del caos seguito alla morte di Brennan, Jack iniziò a notare dettagli che non quadravano. File che sparivano dagli archivi. Agenti che si comportavano in modo strano. Era chiaro che qualcuno, dall'interno, stava osservando i loro movimenti.

"Abbiamo una talpa," disse Jack una sera, seduto con Eleonor nella sala conferenze. "Kane, Jacobs… erano solo una parte del puzzle. Ma qualcuno più in alto sta ancora tirando i fili. E ha qualcuno qui dentro che lo aiuta."

Eleonor lo fissò, il viso cupo. "Se hai ragione, Jack, allora siamo in pericolo. Chiunque sia, sa tutto di noi. E potrebbe colpire quando meno ce lo aspettiamo."

Jack sorrise, ma non c'era gioia nel suo sguardo. "Lascia che ci provi. Lo aspettiamo al varco."

La trappola

Jack ed Eleonor decisero di mettere in atto un piano rischioso: creare un falso fascicolo, pieno di "prove" inventate, e farlo sparire nel sistema interno del distretto. Era una mossa progettata per attirare l'attenzione della talpa. Se qualcuno avesse cercato di accedere al file, avrebbero avuto la loro risposta.

Due giorni dopo, il loro esca diede i suoi frutti. Il fascicolo fu aperto da una postazione non autorizzata all'interno del distretto, ma l'identità dell'utente era mascherata. Tuttavia, il tracciamento indicava che la postazione apparteneva al capitano **Harrison Coyle**, il nuovo capo provvisorio della polizia, messo al comando dopo la caduta di Russo.

Eleonor lanciò un'occhiata a Jack. "Coyle. Un'altra pedina, o il vero burattinaio?"

"Non lo so ancora," rispose Jack, strofinandosi il mento. "Ma se è lui, allora ha commesso il primo errore. E noi lo useremo contro di lui."

Il confronto

Quella notte, Jack e Eleonor si presentarono nell'ufficio di Coyle. Lui era seduto alla scrivania, calmo e sicuro di sé, come se li aspettasse.

"Detective Thunder, Capo Black," disse, senza alzare lo sguardo dai documenti che stava esaminando. "Che posso fare per voi?"

Jack si avvicinò, posando le mani sulla scrivania. "Puoi iniziare spiegando perché stavi rovistando tra i nostri fascicoli."

Coyle alzò lo sguardo, un sorriso freddo che non raggiungeva gli occhi. "Non so di cosa parli, Thunder. Ma forse dovresti stare attento con le tue accuse. Non vorrai trovarti di nuovo sospeso, vero?"

Eleonor incrociò le braccia. "Sappiamo che hai aperto quel file, Coyle. E sappiamo che hai legami con Jacobs e Kane. Ora vogliamo sapere chi c'è sopra di te."

Coyle rise piano, appoggiandosi allo schienale. "Pensate davvero di avere tutto sotto controllo? Vi siete spinti troppo oltre. Non avete idea di quanto sia grande questa rete."

Jack fissò Coyle con occhi stretti. "Forse no. Ma sappiamo che ogni rete ha un nodo centrale. E quando trovi quel nodo, lo tagli."

Coyle smise di sorridere, e per un momento, Jack vide una scintilla di paura nei suoi occhi. "State giocando con forze che non potete controllare," disse piano. "E prima che ve ne rendiate conto, sarete le prossime vittime."

Jack si avvicinò ancora di più, il volto a pochi centimetri da quello di Coyle. "Forse. Ma c'è una cosa che so per certo, Coyle: l'assassino torna sempre sul luogo del delitto. E tu sei esattamente dove voglio che tu sia."

Un nuovo inizio

Quella notte, con il sospetto di Coyle e la rete di intrighi ancora da svelare, Jack ed Eleonor si prepararono per quello che sarebbe stato il capitolo più pericoloso della loro carriera. Ma per ora, avevano un vantaggio. L'assassino era tornato, e loro erano pronti a stringere la trappola.

Il gran finale

Le luci del distretto erano basse, il silenzio riempiva i corridoi mentre Jack ed Eleonor lavoravano senza sosta. La rete di intrighi era più complessa di quanto avessero immaginato, e Coyle, il capo provvisorio della polizia, era solo la punta dell'iceberg. Ogni pista portava più in alto, a un'entità che non solo controllava Jacobs e Kane, ma che aveva occhi e mani ovunque.

Un alleato inaspettato

La svolta arrivò quando Sam, ancora mezzo acciaccato ma determinato a chiudere il caso, riuscì a decifrare i restanti file recuperati dalla fondazione. Tra le transazioni e i nomi codificati, emerse un dettaglio sorprendente: un ente privato chiamato **Orion Securities**, una compagnia di copertura che operava nell'ombra.

"Orion," disse Jack, fissando il monitor. "Non l'ho mai sentito."

"Non dovresti," rispose Sam. "Non esiste ufficialmente. Ma chiunque siano, stanno pagando una fortuna per restare invisibili."

Eleonor si avvicinò, osservando il file. "Se Orion è il vero burattinaio, allora dobbiamo colpirli lì dove fa più male. Dobbiamo scoprire chi li guida."

Jack sorrise, ma il suo sguardo era serio. "E sappiamo chi può dircelo.

La confessione di Coyle

Coyle era stato messo sotto sorveglianza, e quella notte, Jack ed Eleonor lo portarono nella sala interrogatori. Per la prima volta, il solido e sicuro capitano appariva nervoso. La pressione era palpabile.

"Non hai scelta, Coyle," disse Jack, fissandolo con intensità. "Sappiamo che lavori per Orion. E sappiamo che loro ti considerano sacrificabile."

Coyle si agitò sulla sedia, evitando il contatto visivo. "Non capite in cosa vi siete infilati," disse infine. "Orion non è solo una compagnia. È un sistema. È ovunque."

"E allora inizia a parlare," incalzò Eleonor. "Perché se non lo fai, loro ti troveranno prima di noi."

Coyle si arrese. Con voce spezzata, iniziò a raccontare. Orion era un'entità che operava a livello internazionale, intrecciata con governi, corporazioni e crimine organizzato. Jacobs e Kane erano solo pedine nel loro gioco, usati per riciclare denaro e manipolare le leggi a loro vantaggio.

"Il capo si chiama **Lucien Ward**," disse Coyle, sudando visibilmente. "È il vero cervello dietro tutto. Ma se pensate di fermarlo, siete pazzi. Non c'è modo di toccarlo."

Jack si alzò, un sorriso freddo sul volto. "Lascia che ci preoccupiamo di questo."

La resa dei conti

Grazie alla confessione di Coyle, Jack ed Eleonor organizzarono un'irruzione nella sede di Orion Securities. Era un edificio anonimo nel centro città, protetto da misure di sicurezza pesanti. Con l'aiuto della SWAT e un mandato blindato, fecero irruzione.

All'interno trovarono uffici apparentemente normali, ma nei sotterranei scoprirono un centro operativo avanzato. Computer, server e file riservati rivelarono l'estensione delle operazioni di Orion: traffico d'armi, corruzione politica, e legami con organizzazioni criminali di tutto il mondo.

Ma Lucien Ward non era lì.

"È scappato," disse Eleonor, stringendo i denti. "Ma non può andare lontano."

Sam, lavorando da remoto, riuscì a tracciare un jet privato che stava decollando da un aeroporto vicino. "Sta volando verso un'isola al largo della costa," disse attraverso la radio. "È lì che ha il suo rifugio."

Jack ed Eleonor non persero tempo. Con un elicottero della polizia, si lanciarono all'inseguimento, determinati a fermare Ward una volta per tutte.

L'isola

Atterrarono sull'isola appena il jet di Ward toccava terra. Era un rifugio opulento, con guardie armate che pattugliavano il perimetro. Ma Jack ed Eleonor, con l'aiuto di un piccolo team scelto, avanzarono con precisione.

All'interno della villa, trovarono Ward, un uomo elegante ma freddo, che li aspettava con un bicchiere di brandy in mano.

"Sapevo che sareste arrivati," disse, con un sorriso tranquillo. "Ma vi siete spinti troppo oltre. Nessuno tocca Orion."

Jack alzò la pistola. "Tu sì, Ward. E il tuo impero sta per crollare."

Ward cercò di reagire, ma il team lo sopraffece. Mentre veniva ammanettato, urlò minacce. "Non avete idea di cosa avete fatto! Orion non morirà con me! Ci saranno altri!"

Jack lo fissò freddamente. "Forse. Ma oggi abbiamo fatto un bel taglio alla rete. E tu passerai il resto della tua vita a guardare il tuo impero crollare."

Il giorno dopo

Con Ward in custodia e Orion esposta, la città si svegliò con un senso di giustizia. Jack ed Eleonor, esausti ma soddisfatti, si ritrovarono di nuovo nella casa di lei, con una bottiglia di vino e il televisore acceso.

"Abbiamo finito?" chiese Eleonor, appoggiandosi a Jack.

"Forse no," rispose lui, con un sorriso. "Ma per ora, possiamo respirare."

Eleonor alzò il bicchiere, sorridendo. "A noi. E alla fine del caos."

Jack annuì, toccando il bicchiere contro il suo. "A noi. Perché qualunque cosa accada, siamo ancora qui."

E mentre brindavano, sapevano che, qualunque fosse il prossimo capitolo, lo avrebbero affrontato insieme.

Epilogo: L'ombra non si spegne mai

Il sole stava tramontando, tingendo la città di sfumature dorate e arancioni. Jack ed Eleonor erano sulla terrazza della sua casa, con una vista che abbracciava la città che avevano giurato di proteggere. Il caso sembrava chiuso: Jacobs e Kane erano dietro le sbarre, e Lucien Ward, il burattinaio, era sotto custodia. Ma nel cuore di Jack, una sensazione inquietante continuava a crescere.

"Non sembra mai abbastanza, vero?" mormorò Eleonor, sorseggiando il suo vino. "Abbiamo fatto tutto quello che potevamo, eppure..."

"Eppure," ripeté Jack, fissando l'orizzonte. "Ward ha detto una cosa che non riesco a togliermi dalla testa. *'Orion non morirà con me.'* E se avesse ragione?"

Eleonor posò il bicchiere, il suo sguardo diventando serio. "Jack, abbiamo tagliato la testa al serpente. Anche se ci sono altre teste, questa città ha bisogno di un po' di pace. Ne abbiamo bisogno anche noi."

Jack annuì, ma non rispose. La sua mente era altrove, intrappolata nei dettagli che ancora non quadravano. Gli uomini che avevano catturato erano troppo organizzati, troppo sicuri che il loro sistema fosse indistruttibile. Era possibile che Orion fosse molto più di una semplice organizzazione criminale. Forse era qualcosa di più profondo, radicato nel sistema stesso.

Proprio in quel momento, il telefono di Eleonor vibrò. Lei lo prese con una smorfia, ma il suo viso cambiò colore quando lesse il messaggio. Senza dire una parola, passò il telefono a Jack.

Sul display c'era una foto: un biglietto anonimo trovato nella prigione di massima sicurezza dove Ward era detenuto. Il biglietto diceva semplicemente: *"Non dimentichiamo. Né perdoniamo."*

Jack sentì un brivido lungo la schiena. "Ward è al sicuro?"

"Lo è, per ora," rispose Eleonor. "Ma se hanno lasciato quel messaggio... significa che Orion non è finita. È solo nascosta, in attesa di colpire di nuovo."

Jack posò il telefono e si voltò verso di lei. "Sai cosa significa questo, vero? Il gioco non è finito."

Eleonor lo guardò, il viso segnato dalla stanchezza ma determinato. "No. Non lo è."

Il tramonto si trasformava in notte, e le luci della città iniziavano a brillare. Jack ed Eleonor rimasero lì, in silenzio, osservando l'oscurità scendere. Sapevano che l'ombra di Orion non sarebbe scomparsa facilmente. E forse, non sarebbe mai scomparsa del tutto.

Ma sapevano anche che, finché fossero stati insieme, avrebbero combattuto. Non importa quanto fosse grande la rete. Non importa quanto fosse potente l'ombra.

La cosa sicura è che l'assassino torna sempre sul luogo del delitto.

Fine... o forse no.

www.ingramcontent.com/pod-product-compliance
Lightning Source LLC
Chambersburg PA
CBHW071512220526
45472CB00003B/999